YINGKE® 盈科

盈科全国业务指导委员会系列丛书

知识产权典型案例律师策略与法律分析 二

盈科律师事务所／编
王承恩／主编
闫东伟　余清凯／副主编

法律出版社 LAW PRESS · CHINA
北京

图书在版编目(CIP)数据

知识产权典型案例律师策略与法律分析. 二 / 盈科律师事务所编 ; 王承恩主编. -- 北京 : 法律出版社, 2024

ISBN 978-7-5197-8987-9

Ⅰ. ①知… Ⅱ. ①盈… ②王… Ⅲ. ①知识产权法－案例－汇编－中国 Ⅳ. ①D923.405

中国国家版本馆 CIP 数据核字(2024)第 066600 号

知识产权典型案例律师策略与法律分析(二)
ZHISHICHANQUAN DIANXING ANLI LÜSHI CELÜE YU FALÜ FENXI (ER)

盈科律师事务所 编
王承恩 主编
闫东伟 余清凯 副主编

策划编辑 朱海波
责任编辑 朱海波 杨雨晴
装帧设计 汪奇峰 臧晓飞

出版发行 法律出版社
编辑统筹 法律应用出版分社
责任校对 蒋 橙
责任印制 刘晓伟
经　　销 新华书店

开本 710 毫米×1000 毫米 1/16
印张 12 **字数** 200 千
版本 2024 年 4 月第 1 版
印次 2024 年 4 月第 1 次印刷
印刷 三河市龙大印装有限公司

地址:北京市丰台区莲花池西里 7 号(100073)
网址:www.lawpress.com.cn
投稿邮箱:info@lawpress.com.cn
举报盗版邮箱:jbwq@lawpress.com.cn

销售电话:010-83938349
客服电话:010-83938350
咨询电话:010-63939796

书号:ISBN 978-7-5197-8987-9
定价:52.00 元

凡购买本社图书,如有印装错误,我社负责退换。电话:010-83938349

目录
CATALOG

如何认定存在权属争议的专利（申请）与发明人在原单位承担的本职工作或者分配的任务相关

——深圳市卫邦科技有限公司诉李某毅、深圳市远程智能设备有限公司专利权权属纠纷案*

北京市盈科(深圳)律师事务所　王承恩

所获荣誉

申请再审阶段:入选最高人民法院2021年7月公布的第28号指导性案例(第158号);入选最高人民法院"2019年中国法院50件典型知识产权案例"。二审阶段:入选广东省高级人民法院2020年7月公布的服务保障民营企业健康发展12件典型案例。

案情简介

深圳市卫邦科技有限公司(以下简称卫邦公司)系从事医院静脉配液系列机器人产品及配液中心相关配套设备的研发、制造、销售及售后服务的公司。自2010年起,卫邦公司申请了多项涉及自动配药设备和配药装置的专利,其中于2012年9月4日申请、2013年1月2日公布的名称为"自动化配药系统的配药方法和自动化配药系统"、公布号为CN102847473A(以下简称473专利)的专利申请主要涉及注射科药液自动化配制的技术方案。

* 最高人民法院:(2019)最高法民申6342号民事裁定书。
广东省高级人民法院:(2018)粤民终2262号民事判决书。

李某毅于2012年9月24日入职卫邦公司，并与卫邦公司签订《深圳市劳动合同》《员工保密合同》，约定由其担任该公司生产制造部门总监，主要工作是负责研发“输液配药机器人”相关产品。李某毅任职期间，曾以部门经理名义在研发部门采购申请表上签字，在多份加盖“受控文件”的技术图纸审核栏处签名，相关技术图纸内容涉及“沙窝复合针装配”“蠕动泵输液针”“蠕动泵上盖连接板实验”“装配体”“左夹爪”“右夹爪”“机械手夹爪1”“机械手夹爪2”等，系有关自动配药装置的系列设计图。

此外，李某毅还以工作邮件的方式接收研发测试情况汇报，安排测试工作并对研发测试提出相应要求。且从邮件内容可知，李某毅多次参与研发方案的会议讨论。

李某毅与卫邦公司于2013年4月17日解除劳动关系。李某毅于2013年7月12日向国家知识产权局申请名称为“静脉用药自动配制设备和摆动型转盘式配药装置”、专利号为201310293690.X的发明专利（以下简称涉案专利）。李某毅为涉案专利唯一的发明人。涉案专利技术方案的主要内容是采用机器人完成静脉注射用药配制过程的配药装置。国家知识产权局在涉案专利实审过程中出具的第一次审查意见通知书，明确将卫邦公司的前述473专利作为对比文件1，而且首次检索报告将前述473专利定为可以单独影响涉案专利权利要求新颖性、创造性的X类型文献。

李某毅于2016年2月5日将涉案专利权转移至其控股的深圳市远程智能设备有限公司（以下简称远程公司）。李某毅在入职卫邦公司前，并无从事与医疗器械、设备相关行业的从业经验或学历证明。

卫邦公司于2016年12月8日向法院提起诉讼，请求确认涉案专利的发明专利权归卫邦公司所有，得到一审法院和二审法院的支持。

李某毅不服，向最高人民法院申请再审被驳回，一审和二审判决得到维持。

办案策略及律师工作

（一）此前类似案件裁判标准

此类案件的裁判依据为《专利法》第6条第1款、《专利法实施细则》第12条第1款第3项，核心要点在于如何认定前员工在与原用人单位终止劳动、人事关系后1年内申请的专利，与其在原单位承担的本职工作或者原单位分配的任务是否相关？

从最高人民法院到各高级人民法院，此前均从侧重保护原用人单位的角度，在认定前员工离职 1 年内申请的专利是否与其在原单位承担的本职工作或者原单位分配的任务相关时持非常宽松的尺度，通常并不对前员工申请的专利与在原单位接触的技术方案进行比对。

最高人民法院在就张某与天津南开大学蓖麻工程科技有限公司专利申请权纠纷作出的(2011)民申字第 1486 号民事裁定书中认为："判断涉案发明创造是否为职务发明创造，主要是判断涉案发明创造是否与张某在蓖麻公司从事的工作任务相关，而不是将涉案申请专利的技术与蓖麻公司申请的专利技术相比对，判断二者是否为同一技术。因此，张某关于一审和二审法院将两项专利技术予以混淆，没有对二者的本质区别进行审理的主张不能成立。"从而判定涉案发明创造是与张某在蓖麻公司从事的工作任务有关的发明创造，并驳回了作为一审被告、二审上诉人张某的再审申请，天津市高级人民法院所作出的涉案专利权归属原用人单位的(2011)津高民三终字第 26 号民事判决得以维持。

无独有偶，上海市高级人民法院在出具的上海锦农机械设备有限公司与上海鑫百勤专用车辆有限公司专利权权属纠纷的(2014)沪高民三(知)终字第 112 号民事二审判决书中，也没有对涉案专利与前员工在原用人单位接触的技术方案进行详细分析，仅笼统提到由于"胡某磊在鑫百勤公司期间担任副总经理，其职责中即有负责管理技术部，且附有生产样图的多份销售合同均有胡某磊签名"，从而认定"胡某磊在鑫百勤公司的本职工作与技术相关"，并驳回鑫百勤公司前员工胡某磊担任法定代表人的一审被告锦农公司的上诉，维持了涉案专利归属原用人单位的一审判决。

(二)本团队律师的重点代理工作

依据此前类似案件裁判标准，作为原告的原用人单位只需要证明涉案发明创造与作为被告的离职员工在原告任职时从事的工作任务相关，而不需要证明涉案发明创造与离职员工在原告任职时的工作内容为同一技术，但是为了确保卫邦公司能够胜诉，本团队律师重点做了以下几方面的工作：

1. 提供李某毅在卫邦公司任职期间，作为研发管理者亲笔签名的技术图纸、实验物料的采购申请表、从李某毅工作邮箱发送的多份与涉案发明创造相关的电子邮件，以及李某毅本人在卫邦公司相关设备样机前的照片，以证明李某毅接触了涉案专利的相关技术。

2. 提供涉案发明专利在授权过程中，国家知识产权局首次检索所提到的对比文献，其中卫邦公司在涉案专利申请日的10个月之前所申请的另外一份专利，在首次检索中被作为可以单独影响权利要求新颖性的"X"类型文献，由此进一步印证涉案发明专利与李某毅在卫邦公司任职时工作内容的相关性。

3. 提供了卫邦公司于2010年2月至2016年7月先后申请的60余项涉及医疗设备、方法及系统的专利内容，其中有44项专利是在李某毅入职卫邦公司前申请，且有多项专利涉及自动配药装置，以证明卫邦公司在该领域的长期研发积累。

4. 提供李某毅入职卫邦公司时填写的表格，证明其在入职卫邦公司前并没有从事涉案发明创造的类似经历，其在离职之后不到3个月，就作为唯一的发明人申请涉案专利，违反该类产品的正常研发规律，其技术只能是来源于卫邦公司。

裁判要旨及结果

可能是意识到此前的宽松尺度不利于人才流动和技术创新，最高人民法院借本案申请再审，作出裁定并列为第158号指导案例对以往的裁判标准进行了调整（见2021年7月30日最高人民法院公布的第28批指导案例）。

在深圳市卫邦科技有限公司诉李某毅、深圳市远程智能设备有限公司专利权权属纠纷案的（2019）最高法民申6342号民事裁定书中，最高人民法院明确"判断是否属于《专利法实施细则》第12条第1款第3项规定的与在原单位承担的本职工作或者原单位分配的任务'有关的发明创造'时，应注重维护原单位、离职员工以及离职员工新任职单位之间的利益平衡，综合考虑以下因素作出认定：一是离职员工在原单位承担的本职工作或原单位分配的任务的具体内容；二是涉案专利的具体情况及其与本职工作或原单位分配的任务的相互关系；三是原单位是否开展了与涉案专利有关的技术研发活动，或者有关的技术是否具有其他合法来源；四是涉案专利（申请）的权利人、发明人能否对专利技术的研发过程或者来源作出合理解释”。

最高人民法院进而结合案件证据，对上述四个方面一一进行分析。

特别是对于第二点“涉案专利的具体情况及其与本职工作或原单位分配的任务的相互关系”，最高人民法院详细分析了涉案专利要解决的技术问题、实现的技术效果以及所采取的技术方案，并与卫邦公司于2012年9月4日申请、名称为“自动化配药系统的配药方法和自动化配药系统”的473专利进行比较，从而认为“二者解决的技术问题、发明目的、技术效果基本一致，二者技术方案高度关联。二审法院结合涉案专利的审查意见、引证专利检索，认定473专利属于可单独影响涉案专利权利要求的新颖性或创造性的文件，并无不当”。

而且，李某毅在卫邦公司工作期间，在“审核”栏处签字的图纸上，涉及“输入模块新盖”“沙窝复合针装配”“蠕动泵输液针”“蠕动泵上盖连接板实验”“装配体”“左夹爪”“右夹爪”“机械手夹爪1”“机械手夹爪2”等与涉案专利密切相关的部件。

此外，在李某毅与卫邦公司有关工作人员的往来电子邮件中，讨论的内容直接涉及转盘抱爪、母液上料方案、安瓿瓶掰断测试等与涉案专利技术方案密切相关的研发活动。

综上所述，最高人民法院才认定“涉案专利与李某毅在卫邦公司承担的本职工作或分配的任务密切相关”。

典型意义

最高人民法院通过本案向各级法院传递出清晰的信号，即不应再从宽认定专利权属案中前员工离职 1 年内申请的专利与其在原单位承担的本职工作或者原单位分配的任务是否相关，而是将标准收紧，维护原单位、离职员工以及离职员工新任职单位之间的利益平衡。如果案件情况不符合该指导案件所列四个方面的，则不应简单地仅依据技术类员工系在离职后 1 年内申请了涉案专利，就裁判涉案专利归属于原单位。

在某种程度上，今后法院的审理会重点关注“如无原单位因素，前员工是否就不能提出相关技术方案申请涉案专利”。如果没有原单位因素，前员工就提不出涉案专利相关技术方案的，涉案专利应当归属于原单位；如果没有原单位因素，前员工仍能提出涉案专利相关技术方案的，那么涉案专利就不应当归属于原单位。

与此相应，创新型企业如果要避免离职员工将本应属于企业的职务发明创造带到其他单位去申请专利，需要更严谨、细致地做好技术文档保管工作，才能在维权时提供足以达到以上标准的证据，从而说服法院支持其诉讼请求。

专利侵权诉讼中如何合理把握专利无效时机争取有利应诉

——赫曼（南京）机械技术工程有限公司诉南京世嘉机械制造有限公司侵害实用新型专利权纠纷案、专利无效宣告案*

北京市盈科(南京)律师事务所　闫东伟　杜鹏爽

所获荣誉

“2022—2023年度南京律协知识产权优秀案例”。

案情简介

原告赫曼(南京)机械技术工程有限公司(以下简称赫曼公司)成立于2002年,经营范围包括机械设备研发销售、除尘技术装备制造。被告南京世嘉机械制造有限公司(以下简称世嘉公司)成立于2009年,经营范围包括清堵器制造、加工、销售。原告赫曼公司和被告世嘉公司均从事空气炮(清堵器)的生产和销售。原告赫曼公司于2013年5月25日申请内置式空气炮的实用新型专利,并于2014年3月19日获得授权,专利号为ZL201320304362.0。被告世嘉公司生产销售的空气炮包括一款内置式空气炮,被告世嘉公司在其官网上载有该内置式空气炮的产品介绍,被告世嘉

---

* 南京市中级人民法院:(2021)苏01民初2166号裁定书。
国家知识产权局:第53513号无效宣告请求审查决定书。

公司法定代表人的抖音账号发布的厂房视频中显示被告厂房中存放多个内置式空气炮的产品。原告赫曼公司进入原、被告双方共同的客户公司的厂房，对标牌上的生产商处标注有世嘉公司的空气炮进行拆卸，认为被告世嘉公司生产的内置式空气炮侵害了其涉案专利权，于 2021 年 7 月 9 日向南京市中级人民法院起诉，请求判令被告停止侵权并赔偿损失及合理支出 110 万元。

办案策略及律师工作

承办律师接受被告世嘉公司的委托后，反复研究案情材料及涉案专利的技术方案，并前往被告厂房实地查看涉案产品实物及工作原理，初步评估涉案产品有较大可能落入涉案专利保护范围。基于该前提，承办律师从专利无效行政程序和侵权应诉等方面做了多手准备。

承办律师通过与被告技术人员的沟通以及对涉案专利现有技术的检索，初步评估后认为在诉讼中进行现有技术抗辩的可能性较大。但为从根本上解决被告的侵权风险，在组织现有技术抗辩的基础上，同步针对涉案专利充分准备专利无效宣告请求材料。在无效策略的组织上，针对涉案专利全面筛选可采用的无效理由，形成创造性问题为主，其他理由为辅的整体无效策略。尤其在针对创造性的证据方面，检索大量现有技术，包括专利文件、期刊文献、出版书籍、行业标准等。通过筛选的现有技术和公知常识证据，结合涉案专利可能存在的其他缺陷确定初步无效方案，并于 2021 年 8 月 20 日正式提交无效宣告请求材料。无效请求提交后，持续检索并补充证据及无效理由，并针对专利无效行政程序申请优先审查，以便尽早扭转诉讼局面。

考虑专利无效宣告需要较长的周期，为避免法院在无效决定出具之前作出不利于被告的判决，承办律师开庭前向法院提交专利无效宣告请求材料，并申请中止侵权诉讼案件审理。由于被告委托律师较晚，提起无效宣告请求时诉讼程序的指定答辩期已届满，根据《最高人民法院关于审理专利纠纷案件适用法律问题的若干规定（2020 修正）》第 6 条“人民法院受理的侵犯实用新型、外观设计专利权纠纷案件,被告在答辩期间届满后请求宣告该项专利权无效的,人民法院不应当中止诉讼,但经审查认为有必要中止诉讼的除外”的规定,法院并未在开庭前依据被告的请求裁定诉讼中止,而是安排于2021年9月6日如期组织第一次开庭审理。

综合上述情况,承办律师在第一次开庭的庭审中采取以下策略:

1. 挑战原告取证的真实性和合法性:原告并未进行公证购买,而是在未经被告客户的允许潜入其厂房对产品进行拆卸录像,并将拍摄的照片作为比对依据。

2. 针对涉案技术进行现有技术抗辩:被告使用的技术为涉案专利的现有技术(CN102105370A + 公知常识)。

3. 请求法院要求原告提交专利权评价报告:庭审中强调涉案实用新型专利权的不稳定性,请求法院根据案件审理需求,要求原告向国家知识产权局申请并向法院提交专利权评价报告。此举一方面为被告的专利无效审理争取更多时间(彼时专利权评价报告的制作周期为1~2个月),另一方面若评价报告结果对被告有利,可以增加诉讼中止审理的可能性。

4. 对原告主张的侵权赔偿依据不予认可:原告将被告关于空气炮的所有中标信息作为证据主张侵权赔偿,而实际上,空气炮产品本身包括多个类型,而涉案专利的内置式空气炮只是其中之一。

庭审后及时关注原告赫曼公司申请专利权评价报告的进展,发现原告赫曼公司于庭审次日根据法院的要求向国家知识产权局申请专利权评价报告,国家知识产权局于2021年9月30日针对涉案专利专利权评价报告,认为涉案专利不符合专利授权条件。查询到报告结果后,承办律师第一时间将其作为证据之一提交给法院,但原告赫曼公司仍坚持其专利符合授权条件,并未撤诉,法院于2021年11月4日裁定中止诉讼,等待专利无效宣告案件结果。国家知识产权局于2021年11月25日组织专利无效宣告口头审理。

裁判要旨及结果

2022年1月12日国家知识产权局作出第53513号无效宣告决定书，宣告201320304362.0号实用新型专利权全部无效。专利无效的正面成果，作为侵权案件应诉的关键一环，奠定了侵权诉讼的成功应诉基础，同时为委托人在竞争市场上涤清技术障碍和威胁，为委托人的市场开拓提供一剂“强心针”。

涉案专利被宣告无效后，原告赫曼公司向南京市中级人民法院申请撤诉，南京市中级人民法院于2022年1月26日裁定准许原告赫曼公司撤回起诉。

典型意义

对于委托人（被告世嘉公司）而言，本案原、被告双方客户交叉程度较高，原告赫曼公司起诉后，多次私下向共同客户传播涉诉信息，致使被告世嘉公司生产经营遭受极大损失。承办律师代理被告成功将原告赫曼公司的涉案专利宣告无效，使被告世嘉公司后续免受涉案专利威胁，保证涉案产品的正常生产、经营，起到釜底抽薪的效果。

在案件指引作用方面，本案为被诉专利侵权时协调应诉答辩与专利无效申请提供了宝贵经验。根据《最高人民法院关于审理专利纠纷案件适用法律问题的若干规定（2020修正）》第4条和第5条之规定，针对实用新型和外观设计的专利侵权诉讼不再要求必须提供专利权评价报告，且在答辩期内提起专利无效宣告请求也并不必然能够使侵权诉讼的中止请求获得法院的支持。换言之，专利权评价报告与专利无效宣告请求仅仅是诉讼中止的必要条件而非充分条件。在代理过程中，承办律师采取积极应诉与申请专利无效并行的方案，在现有技术抗辩的同时，向法院提交无效请求材料，将对方当事人未在起诉前申请专利权评价报告这一情况与我方提起专利无效宣告请求相结合，申请中止诉讼程序，并成功获得法院中止裁定发文，为无效审理赢得时间。最终成功使涉案专利在诉讼案件审理期间被宣告无效，迫使原告主动申请撤回起诉，挽回了委托人的良好商誉并使其免受经济损失。对今后类似案件如何争取最大的中止可能性，提高胜诉率，给予程序上的启示。

在社会影响方面，据被告世嘉公司透露，在诉讼过程中因原告赫曼公司曾向共同的客户告知涉诉信息，导致被告世嘉公司在市场上、行业内遭受诸多质疑，一度影响涉案产品的生产、销售，甚至影响涉案产品的出口业务。涉案专利的无效及侵权诉讼案件的顺利解决，在维护被告合法权益的同时，清除了市场障碍，也对其他市场竞争者予以警醒。对维护健康、良性的知识产权保护环境及市场竞争环境起到正面推动效果。

专利无效为解决专利侵权诉讼的必备利器

——江苏鱼跃医疗设备股份有限公司与重庆鬼谷子医疗器械科技有限公司及重庆医流巴巴医疗器械连锁有限公司侵害发明专利权纠纷案*

北京市盈科(南京)律师事务所　闫东伟

北京市盈科律师事务所　赵成伟

所获荣誉

南京市律师协会“2020年十大知识产权优秀案例”;江苏省律师协会“江苏省律师知识产权十佳案例”;入选《江苏省律师知识产权论文(案例)选集》。

案情简介

江苏鱼跃医疗设备股份有限公司(以下简称鱼跃公司)的核心产品制氧机被竞争对手重庆鬼谷子医疗器械科技有限公司(以下简称鬼谷子公司)起诉侵犯专利权,一审中鱼跃公司提出了专利无效请求,但无效进程一直未有效推进,一审抗辩理由未被法院认可,遂被判败诉。一审法院判决鱼跃公司立即停止生产、销售侵权的制氧机产品,并赔偿鬼谷子公司50万元经济损失及合理费用。涉案制氧机产品是鱼跃公司的核心产品,一旦停止生产、

* 最高人民法院:(2020)最高法知民终1537号民事裁定书。

销售，鱼跃公司将面临每年巨额的经济损失，其他型号的制氧机产品亦面临侵权风险，公司的经营遭遇重大危机。闫东伟律师和赵成伟律师在二审中临危受命，担任鱼跃公司的代理人，带领律师团队攻坚克难，通过大量检索对比文件和教科书，积极准备专利无效程序，并详细比对了我方产品与涉案专利的区别点，制定了专利无效程序和不侵权抗辩两条路并行的应诉方案，因为准备充分、应诉得当，终于成功无效掉涉案专利，反败为胜——二审法院最终裁定撤销一审判决，驳回鬼谷子公司的起诉。

办案策略及律师工作

鱼跃公司是中国 A 股上市公司，制氧机是鱼跃公司的核心产品，年销量最高时达到 10 亿元，市场占有率达到 60% 以上。2019 年 5 月，鱼跃公司的制氧机产品被竞争对手鬼谷子公司起诉侵犯专利权。一审中，鱼跃公司针对涉案专利提出了无效宣告请求，其无效理由与诉讼中基本一致，检索的对比文件内容有限，其无效的最主要理由是新颖性等，并坚持现场比对在先产品和涉案专利，将在线产品现场演示，但因为疫情原因，口审现场开庭一直未能进行，因此无效程序一直被搁置，迟迟未能开口审庭。并且在诉讼程序中，由于一审证据存在较大瑕疵，现有技术抗辩、不侵权抗辩等多种抗辩理由均未获支持，因此一审法院判决鱼跃公司立即停止生产、销售侵权的制氧机产品，赔偿鬼谷子公司 50 万元经济损失及合理费用。50 万元赔偿额对于鱼跃公司而言，并不是大的数字。然而，停止生产、销售侵权的制氧机产品，对于鱼跃公司则影响巨大。并且，不仅是涉案型号制氧机会受到影响，其他型号制氧机也可能因鬼谷子公司日后提起侵权诉讼而受到波及，公司的生产经营也将遭受重创。因此，二审一役关乎鱼跃公司核心产品，代理律师团队倍感压力重大！

为确保万无一失，制定了“诉讼和无效两手抓，两手都要硬”的代理策略。

在专利无效方面，首先遇到的难题就是时间紧——二审审限较短，专利无效从提起到口审需要较长时间，因此二审中，律师团队一直在和时间赛跑，也跑出了盈科速度。如何保证在二审裁判前将专利无效成功，成为摆在律师团队面前的一大难题。为了解决这一难题，闫东伟律师和赵成伟律师带领团队成员（王柱、饶欣律师等成员）放弃休息时间，争分夺秒地开始了专利无效代理检索工作。团队夜以继日地工作，在最短时间内检索了数千件国内外现有技术（包含专利、论文、教科书、工具书、标准、网页等），并精读了其中的相关技术，最终确定了14件现有技术作为证据，不到1周的时间就将无效请求书撰写完成，并针对无效材料进行无效口审模拟，最快速度提交了无效宣告请求文件。无效请求中，团队采用1988年公开的实用新型专利来评述新颖性，并通过精心设计证据组合，采用八组证据组合来评述创造性，还为引出专利权人的不利陈述而技巧性地设计了其他无效理由。果真，专利权人不出所料落入了团队精心设计的陷阱里，认为涉案专利中的限流阀区别于证据中的节流孔，具备创造性。这样即使无效失败，只要无效决定中认可了专利权人的上述意见，被控侵权产品就因其中是节流孔，不同于涉案专利的限流阀，而不构成侵权。

为加快无效审查进度，团队还提交了优先审查申请并获得了批准，团队及时与审查员进行充分沟通，受理通知书也在很短的时间内发出。为确保无效质量，在口头审理之前，团队律师还进行了模拟口头审理，将口头审理中可能遇到的问题一一提出，并做好应对措施。口头审理中，由于团队准备非常充分，使整个过程非常顺畅。最终，距离提出无效请求不到4个月，国家知识产权局专利局复审和无效审理部于2020年11月6日作出了无效宣告请求审查决定书，宣告涉案专利权利要求1～7无效（其中权利要求1、3、5、6是一审中认定侵权的权利要求）。

在二审诉讼方面，团队首先分析了一审证据存在瑕疵的原因，即一审中提交的在先销售制氧机中存在内部部件型号与整机型号不一致的情况，使得鬼谷子公司质疑制氧机在公证之前内部部件曾经更换过。实际上，不同型号产品之间借用通用部件是本领域的常规做法，鱼跃公司各个型号制氧机中均存在这一问题，很多大工厂也存在这一问题。为补强这一证据瑕疵，团队一方面结合丰田管理模式中关于设计产品使用通用部件的记载以及被控型号制氧机工艺文件中亦存在通用部件借用的情形，另一方面先后赴金华、无锡、盐城、丹阳等多地对4种型号在先销售制氧机（其中也存在型号借用问题）进行公证，以此充分论述产品设计中借用通用部件是惯常做法。不能仅因产品中部件型号与整机型号不一致，就认定产品中部件可能被更换过。此外，团队还提交了专利无效程序中专利权人关于限流阀比节流孔效果好的意见陈述，以利用禁止反悔原则得出被控侵权产品中节流孔与涉案专利中限流阀不等同的结论，从而进行不侵权抗辩，以确保能够实现双保险或者三保险。

最终，由于无效决定率先作出，最高人民法院取消了二审开庭计划，直接作出了撤销一审判决、驳回鬼谷子公司起诉的裁定。

裁判要旨及结果

本案的代理过程中，主要有以下几个难点：

难点一：时间紧——如何力争在二审裁判前将专利无效成功。

本案一审败诉和第一次专利无效受阻，鱼跃公司在一审败诉后找到闫东伟律师和赵成伟律师，希望他们能够帮助鱼跃公司二审反败为胜。闫东伟律师和赵成伟律师接受委托的时候，距离上诉期截止仅有10天左右的时间，不但要在10天内提交上诉状，还要尽可能早地提交专利无效请求，否则难以保证在二审裁判前将专利无效成功。因此，时间紧是本案的第一大难点。

难点二：难度大——如何及时调整诉讼和无效策略，扭转一审败诉的局势。

本案一审中，鱼跃公司使用了现有技术抗辩、不侵权抗辩等多种抗辩理由，但是因为证据方面存在较大瑕疵，导致所有抗辩理由均未获得支持。第一次无效中，鱼跃公司提交的证据也有瑕疵，无效策略需要重新制定。因此，二审中如何改变诉讼和无效策略，寻求新的思路和方式，成为代理工作的重中之重。

难点三：如何利用禁止反悔原则打一场诉讼和无效的配合战。

涉案专利与被控侵权产品中存在等同的技术特征，如何利用禁止反悔原则，将二审诉讼与专利无效结合起来，打一场诉讼和无效的配合战，是本案的一大考验。

闫东伟律师和赵成伟律师带领律师团队，经过精细化代理，将上述三个难点一一解决：首先，接受委托后，团队夜以继日、争分夺秒地开始上诉及无效工作，仅花了1周左右的时间就将上诉状及无效请求提交上去。其次，通过公证鱼跃已销售的制氧机，并结合行业内成熟的丰田管理模式，对一审证据进行补强，以充分论证产品设计中借用通用部件是惯常做法。最后，通过精心设计无效理由，使得专利权人落入陷阱，作出对诉讼不利的陈述，即使无效失败，诉讼也能凭借禁止反悔原则而成功。

最终，专利无效成功，最高人民法院裁定撤销一审判决，驳回鬼谷子公司的起诉。

典型意义

本案运用"专利无效程序""禁止反悔原则""侵权抗辩事由"多角度考虑解决专利侵权问题的经验值得分享，可以给承办类案的同行提供一点参考。

1. 在处理专利侵权案件过程中应依据实际需要灵活处理，不仅要考虑诉讼中的抗辩，更要考虑无效程序的助力，还要考虑多个抓手，多个手段齐头并进，为客户建立双保险甚至三保险。

专利侵权诉讼也是一场原、被告之间的战争，需要全局考虑，也需要在应诉中，与专利权方代理律师斗智斗勇。尤其是专利无效至关重要，专利无效理由需要精心设计。有的专利无效理由的设计，是为了引出专利权人的不利陈述，为诉讼中所用。这也印证了专利无效和专利诉讼应当由同一律师团队代理的观点，因为这样才能以统一的思路来做无效和诉讼，才不会发生无效中的不利陈述制约诉讼的不良后果。本案在专利无效阶段，顺势而为，通过精心设计无效理由，设下陷阱，专利权人落入陷阱后，作出不利陈述，作为诉讼中制胜的利器，从而为客户构建了多重保障，避免败诉的风险。

2. 二审证据补强问题，换个角度，海阔天空。

经过研究发现，鱼跃公司所有型号制氧机都存在内部部件与整机型号不一致的情况，而一审败诉的关键就在于作为现有技术抗辩证据的制氧机存在内部部件与整机型号不一致的情况，导致法院认为制氧机在公证前可能被更换过内部部件，因此二审现有技术抗辩证据补强问题一度陷入了僵局。然而，跳出来思考，换个角度，就会有不同的发现——既然所有制氧机都存在这种情况，不如多公证几个制氧机，证明这种型号借用的情况是常规做法。此外，积极寻找行业内的标准、规范，以证明不同产品使用通用部件是常规做法，并将产品的生产工艺及相应的原始图纸也作为证据，准备提交，同时也准备了教科书中的制氧机相关证据予以佐证。在闫东伟律师和赵成伟律师的带领下，团队为二审做了充分的准备。虽然二审因无效成功而未开庭，即使开庭，团队也有信心能够取得最终胜利。

3. 善用禁止反悔原则，将诉讼与无效有机结合，制约专利权人。

经过深入分析涉案专利和被控侵权产品，团队发现被控侵权产品中是节流孔，而涉案专利中则是限流阀。对此，一审判决中虽无明确认定，但显然应当是默认为等同，而非相同。为了在二审诉讼中利用禁止反悔原则制约专利权人，团队技巧性地设计了权利要求书没有以说明书为依据的无效请求理由，布下陷阱，一旦专利权人作出限流阀不相当于节流孔的陈述，在二审诉讼中就可通过禁止反悔原则得出被控侵权产品中节流孔与涉案专利中限流阀不等同的结论，从而进行不侵权抗辩。果真，专利权人缺乏诉讼和无效的连贯思维，落入了陷阱，作出了限流阀不相当于节流孔的不利陈述，奉献了一记精彩的“乌龙球”，这一观点被我方代理团队精准抓获，也准备在二审程序中做不侵权抗辩。

综上所述，本案通过团队律师的精诚协作、精心代理，取得了最终胜利，不但成功避免了鱼跃公司制氧机产品遭受致命打击，还彰显了法律的公平正义，以上几点思考供读者参考。

如何评价要素省略发明是否具备创造性

——重庆鬼谷子医疗器械科技有限公司与国家知识产权局、江苏鱼跃医疗设备股份有限公司发明专利权无效行政纠纷案*

北京市盈科(南京)律师事务所　闫东伟

所获荣誉

南京市律师协会"2021 年度南京律师知识产权优秀案例"。

案情简介

江苏鱼跃医疗设备股份有限公司(以下简称鱼跃公司)为中国 A 股上市公司,自 1998 年创立以来,荣获中国医药行业百强、国家火炬计划重点高新技术企业、国家认定企业技术中心、A 股最佳上市公司等多项荣誉。鱼跃公司是国内医疗设备领域的龙头企业,制氧机是鱼跃公司的核心产品,年销量最高时达 10 亿元,市场占有率高达 60% 以上。

重庆鬼谷子医疗器械科技有限公司(以下简称鬼谷子公司)2019 年 5 月向重庆市第五中级人民法院起诉,认为鱼跃公司生产、销售的制氧机产品侵害了其专利权,要求鱼跃公司承担停止侵权、赔偿损失的责任。重庆市第五中级人民法院支持了鬼谷子公司的诉讼请求,判令鱼跃公司停止生产、销

---

* 北京知识产权法院:(2021)京 73 行初 578 号行政判决书。

售侵权制氧机，赔偿鬼谷子公司50万元经济损失及合理费用。鱼跃公司不服，向最高人民法院提出上诉，并同时向国家知识产权局请求宣告涉案专利无效。最终涉案专利部分无效（一审认定侵权的几个权利要求均被无效），最高人民法院撤销了一审判决，驳回了重庆鬼谷子公司的起诉。

截至此时，专利侵权诉讼两审已结束。然而，鬼谷子公司并没有善罢甘休，其于2021年1月11日向北京知识产权法院提起发明专利权无效行政诉讼，认为国家知识产权局作出的无效决定（以下简称被诉决定）存在事实认定错误及法律适用错误，请求法院撤销被诉决定，并判令国家知识产权局重新作出决定。北京知识产权法院一审认定被诉决定事实认定清楚、适用法律正确，依法驳回了鬼谷子公司的诉讼请求。鬼谷子公司不服一审判决，又向最高人民法院提出了上诉，最终最高人民法院认定一审判决事实认定清楚、适用法律正确，应予维持，故驳回了鬼谷子公司的上诉，维持原判。

办案策略及律师工作

鱼跃公司是中国A股上市公司，自1998年创立以来，曾荣获中国医药行业百强、国家火炬计划重点高新技术企业、国家认定企业技术中心、A股最佳上市公司等多项荣誉。2019年11月13日，鱼跃医疗上榜单项冠军产品（第四批）名单。2020年3月18日，鱼跃公司以350亿元人民币市值列为《2020胡润中国百强大健康民营企业》第37名。制氧机是鱼跃公司的核心产品，年销量最高时达10亿元，市场占有率达60%以上，曾于2010年和2014年被认定为高新技术产品，2011年和2018年获得中国外观设计金奖，2012年、2016年和2018年获得中国优秀工业设计奖，并于2020年12月成为全国唯一入选2020年度首批企业标准“领跑者”名单的制氧机产品。

鱼跃公司经过多家对比、慎重考量，委托闫东伟律师代理本案（发明专利权无效行政诉讼一审、二审）。虽然此前的专利侵权诉讼取得了二审胜诉，但是行政诉讼也不得掉以轻心，因为一旦行政诉讼败诉，则之前专利侵权诉讼取得的成果将毁于一旦，鱼跃公司仍将面临核心产品停止生产、销售，年损失数亿元的局面。因此，闫东伟律师在代理行政诉讼过程中秉承“归零心态”，忘掉此前专利侵权诉讼的胜诉成果，始终保持谨慎、敬畏态度，从零开始研究技术原理及证据。同时，充分发挥团队作战优势，通过多次开会研讨、模拟法庭、图文并茂的代理词等方式，以精细化代理的方式，面对这场“只许胜、不许败”的战役。

在准备庭审过程中，闫东伟律师多次与鱼跃公司技术人员开会讨论技术原理，团队内部多次开会研究涉案专利及证据，并组织了模拟法庭，由团队不同人员分别扮演原告（上诉人）、被告（被上诉人）、第三人及法官，对庭审中可能出现的问题进行了提前演练，想好应对策略，以确保庭审万无一失。在庭审中，代理律师认为原告当庭提交的证据证明变压吸附制氧的技术已于1958年公开，双节流反吹制氧装置也早已是现有技术，原告所认为的涉案专利省略单向阀有反吹效果，不符合涉案专利的发明目的，无法解决技术问题。同时从技术原理上对于省略单向阀不可能产生增强反吹效果、提高制氧效率的作用进行了充分阐述。在庭后，还以图文并茂的形式提交了代理词，对我方观点进行了提纲挈领、重点突出的阐述。最终，两审法院均支持了我方观点，认为原告的诉讼理由缺乏事实和法律的依据，故对原告的诉讼请求不予支持，鱼跃公司取得全胜，成功避免了其制氧机产品遭受致命打击，彰显了法律的公平正义。

裁判要旨及结果

本案的主要争议焦点在于涉案专利省略单向阀的方案是否符合《专利法》第22条第3款的规定，是否具备创造性。代理律师通过对技术原理和涉案专利的深入分析，明确了涉案专利省略单向阀无法达到增强反吹的效果，也达不到提高制氧效率的效果，因此省略单向阀的方案不具备创造性。本案对于要素省略发明评价创造性的标准在司法实践中予以明确，即如果要素省略之后，既未保持原有全部功能，又未产生预料不到的技术效果，则该发明不具备创造性。

最终,北京知识产权法院一审认定被诉决定事实认定清楚、适用法律正确,依法驳回了原告鬼谷子公司的诉讼请求。鬼谷子公司不服一审判决,又向最高人民法院提出了上诉,最终最高人民法院认定一审判决事实认定清楚、适用法律正确,应予维持,故驳回了鬼谷子公司的上诉,维持原判,鱼跃公司取得全胜。

典型意义

本案是专利侵权诉讼的关联案件,虽然专利侵权诉讼已胜诉,但如果本案败诉,则专利侵权诉讼取得的成果将毁于一旦。因此,代理律师秉承“归零心态”,忘掉此前专利侵权诉讼的胜诉成果,始终保持谨慎、敬畏态度,经过充分研究和准备,从零开始研究技术原理及证据,最终突破了关键争议焦点,取得了本案两审均胜诉的好结果,为鱼跃公司避免了核心产品停止生产、销售的局面,避免了每年数亿元的经济损失。本案的主要争议焦点在于涉案专利省略单向阀的方案是否具备创造性。代理律师充分发挥团队作战优势,通过多次开会研讨、模拟法庭、图文并茂的代理词等方式,通过对技术原理和涉案专利的深入分析,明确了涉案专利省略单向阀达不到增强反吹的效果,也达不到提高制氧效率的效果,因此省略单向阀的方案不具备创造性,实现了精细化代理,最终获得了胜诉的结果,不但成功避免了鱼跃公司制氧机产品遭受致命打击,还彰显了法律的公平正义。

本案对于要素省略发明评价创造性的标准在司法实践中予以明确,即如果要素省略之后,既未保持原有全部功能,又未产生预料不到的技术效果,则该发明不具备创造性。本案对于类似案件具有一定借鉴意义,可以给承办类案的同行提供一点参考。

立体包装盒外观设计专利侵权的判定

——宁夏石丰元科技有限公司与金石源（宁夏）科技有限公司外观设计专利侵权纠纷案*

北京市盈科(银川)律师事务所　刘　青

所获荣誉

国家知识产权局"2021 年度知识产权行政保护典型案例"；宁夏回族自治区知识产权局"2021 年度宁夏知识产权保护典型案例"。

案情简介

宁夏石丰元科技有限公司是一家专门生产用于粘结指数测定使用的标准无烟煤的企业。2012 年案外人蒋某庆申请获得了一件专利号为 ZL201230312419.2 外包装盒(无烟煤)的外观设计专利，随后蒋某庆将该外观设计专利授权宁夏石丰元科技有限公司实施。宁夏石丰元科技有限公司获得授权后，在其生产的标准无烟煤产品上使用了上述外观设计专利。

2020 年，宁夏石丰元科技有限公司收到市场的反馈，有人在仿冒宁夏石丰元科技有限公司的产品，经宁夏石丰元科技有限公司多方调查发现，金石源(宁夏)科技有限公司生产销售的"金石"的粘结指数专用无烟煤与宁夏石丰元科技有限公司生产的"金石"无烟煤高度近似，造成了相关公众的混

---

* 银川市知识产权局：宁银知法裁字〔2021〕1 号。

淆和误认，给宁夏石丰元科技有限公司造成了极大的经济损失。

2021年7月12日，宁夏石丰元科技有限公司向银川市知识产权局就该侵权事项进行了投诉，银川市知识产权局依法组成合议组审理，并作出宁银知法裁字〔2021〕1号裁决书，裁决金石源（宁夏）科技有限公司外观设计专利侵权行为成立，构成专利侵权。

办案策略及律师工作

本案涉及立体包装盒的外观设计专利权的保护问题，代理律师接受代理后，首先从涉嫌侵权商品的外观与权利人专利是否构成近似进行分析，本案中外观设计专利设计到主视图、后视图、左视图、右视图、俯视图和仰视图的分别判断。在形状上，二者均为长方形六面体，在图案上可以看出，两者都以蓝色作为背景色，不规则的图案中上下排布的“金石”两个篆字、“标准无烟煤”5个汉字、“测定粘结指数专用”8个汉字、SPECIFICATIONS OF ANTHRACITE的排列方式完全相同，不同的只是外观设计专利的主视图、左视图、右视图、后视图中有两个相交的圆，涉嫌侵权产品包装盒的主视图、左视图、右视图、后视图中有两道呈45度左右分布的线条。涉嫌侵权产品包装盒与外观设计专利所保护的产品属于同类产品，涉嫌侵权产品包装盒与外观设计专利保护的图案近似，代理律师认为涉嫌侵权产品落入了外观设计专利保护范围，构成了对外观设计专利的侵权。在确定涉嫌侵权产品构成侵犯外观设计专利后，代理律师积极协助权利人进行取证，通过对线下、线上的销售数据、视频、图片进行证据保全，防范证据灭失。

裁判要旨及结果

银川市知识产权局权利人举报后，委托知识产权鉴定机构对涉案侵权产品包装盒与权利人外观设计专利是否构成侵权进行了鉴定。鉴定机构从主视图、后视图、左视图、右视图、俯视图和仰视图等方面将宁夏石丰元科技有限公司外观设计专利与金石源（宁夏）科技有限公司产品进行了对比：

1. 外观设计专利的图案。

外观设计专利的主视图：主视图为长方形，在长方形的上方中部有不规则的图案，在图案中有上下排布的“金石”两个篆字，在两个策字下方由上至下水平印有“标准无烟煤”5 个汉字、“测定粘结指数专用”8 个汉字、SPECIFICATIONS OF ANTHRACITE 和两个相交的圆，在两个相交的圆下方印刷有两排英文和一排汉字；上述图案、文字在一个双线方框内，在双线的方框外的下方有三排文字。外观设计专利的后视图：与主视图基本相同，只是在双线方框内的上端左右两侧各有一行文字。

外观设计专利的左视图：左视图为长方形，在长方形的左上角有两行文字，在两行文字下方中间位置，由上至下水平印有“标准无烟煤”5 个汉字、“测定粘结指数专用”8 个汉字、SPECIFICATIONS OF ANTHRACITE 和 5 行文字。上述图案、文字在一个双线方框内。

外观设计专利的右视图：左视图为长方形，在长方形的左上角有不规则的图案，在图案中有“金石”两个篆字，在不规则图案的左上角水平印有一行文字，在一行文字下方中间位置，由上至下水平印有两个相交的圆、“测定粘结指数专用”8 个汉字、SPECIFICATIONS OF ANTHRACITE 和一个 3 行的表格，在表格下方印有 5 行文字。上述图案、文字在一个双线方框内，在双线方框外的下方印有 3 行文字。

外观设计专利的俯视图：俯视图为方形，在其中间印有不规则的图案，在图案中有“金石”两个篆字。外观设计专利的仰视图：与俯视图对称。

2. 包装盒的图案。

包装盒的主视图：主视图为长方形，在长方形的上方左右两侧印有一行文字，在长方形上方中部印有不规则的图案，在图案中有上下排布的“金石”两个篆字，在两个篆字下方由上至下水平印有“标准无烟煤”5 个汉字、“测定粘结指数专用”8 个汉字、SPECIFICATIONS OFANTHRACITE 和两排英文，在两排英文下方有一水平横线条，在一水平横线条下方左侧有一行文字；上述图案、文字在一个单线的方框内,在单线方框内右下角有红黄两道呈45度左右分布的线条;在单线方框外的下方有3排文字。

包装盒的后视图:与主视图基本相同,只是在单线的方框外的下方有4行字母。

包装盒的左视图:左视图为长方形,在长方形的左上角有两行文字,在两行文字下方中间位置,由上至下水平印有"标准无烟煤"5个汉字、"测定粘结指数专用"8个汉字、SPECIFICATIONS OF ANTHRACITE 和7行文字。上述图案、文字在一个单线的方框内;在单线方框内右上角有红黄两道呈45度左右分布的线条;在单线方框外的下方有2排文字。

包装盒的右视图:右视图为长方形,在长方形的上方中部有不规则的图案,在图案中有上下排布的"金石"两个篆字,在不规则图案的下方中间位置由上至下水平印有"测定粘结指数专用"8个汉字、SPECIFICATIONS OFANTHRACITE 和一个3行的表格,在表格下方印有8行文字和一个条形码。上述图案、文字在一个单线的方框内,在单线的方框外下方印有2行文字。

包装盒的俯视图:俯视图为方形,在其中间印有不规则的图案,在图案中有上下排布的"金石"两个篆字。包装盒的仰视图:无图案。

3. 对比分析。

外观设计专利产品面对的是普通消费者,以下对于图案的对比是以普通消费者的眼光进行对比。

根据外观设计专利简要说明可以看出设计要点在于产品的形状和图案。

形状:外观设计专利的外包装盒(无烟煤)的形状为长方形的六面体;包装盒的形状为长方形的六面体,两者的形状相同。

图案:从外观设计的各视图整体上看,其主要构成元素:不规则的图案中上下排布的"金石"两个篆字、"标准无烟煤"5个汉字、"测定粘结指数专用"8个汉字、SPECIFICATIONS OF ANTHRACITE 和两个相交的圆等。

从包装盒的各视图整体上看，其主要构成元素：不规则的图案中上下排布的“金石”两个篆字、“标准无烟煤”5 个汉字、“测定粘结指数专用”8 个汉字、SPECIFICATIONS OF ANTHRACITE、红黄两道呈 45 度左右分布的线条等。

通过对外观设计专利的各视图与包装盒相对应的各视图以普通消费者的眼光进行对比，可以看出不规则的图案中上下排布的“金石”两个篆字、“标准无烟煤”5 个汉字、“测定粘结指数专用”8 个汉字、SPECIFICATIONSOF ANTHRACITE 的排列方式相同，不同的是外观设计专利的主视图、左视图、右视图、后视图中有两个相交的圆，包装盒的主视图、左视图、右视图、后视图中有红黄两道呈 45 度左右分布的线条。

综合以上分析，鉴定机构意见为涉嫌侵权产品外包装盒落入了权利人外观设计专利保护范围。银川市知识产权局采信了鉴定机构意见，认定金石源（宁夏）科技有限公司的产品落入了宁夏石丰元科技有限公司的外观设计专利的保护范围，构成专利侵权，并禁止金石源（宁夏）科技有限公司将为尚未售出的侵权产品投放市场。

典型意义

本案侵权产品具有特殊性，是用于粘结指数测定使用的标准无烟煤的包装盒，如果作为标准的无烟煤产品出现了混淆，使公众发生了误认。导致没有质量保障的侵权产品作为测定粘结指数的标准无烟煤，极有可能影响下游产品的质量，最后造成消费者巨大的经济损失。

本案对于该行业来说极具典型意义，该行业作为民生保障领域的重要一环，需要加大知识产权行政保护的力度。而本案也对该行业的违法侵权者进行了有力打击，对潜在违法经营者起到了威慑作用，净化了市场环境，更好地坚持在发展中保障和改善民生。

本案侵权行为主要发生在西北地区，本案出现后西北地区对专利侵权案件考量逐渐从促进保护市场发展转变为保护专利所有权人，对整个西北地区的知识产权行政保护都具有特殊意义，也促进了西北地区知识产权领域的繁荣发展。

有效发挥律师在专利行政裁决案件中运用谈判、调解等多元手段化解纠纷的能动作用

——德国某企业请求上海市知识产权局处理其与山东某企业发明专利侵权纠纷案*

北京盈科(长沙)律师事务所　罗　兰

所获荣誉

国家知识产权局“2022 年度专利行政保护十大典型案例”。

案情简介

泰诺风玻璃隔热控股股份有限公司作为请求人,是名称为“间隔型材及一种使用该型材的保温窗户单元”的发明专利的专利权人,专利号为ZL200580030094.6。涉案专利权在请求人提起侵权纠纷处理请求时合法有效。

请求人发现被请求人威海宇光施尔乐节能材料有限公司、威海宇光施尔乐密封材料有限公司、宇光施尔乐节能材料(淮安)有限公司在 2021 年 5 月 7 日举办“第 31 届中国国际玻璃工业技术展览会”期间,许诺销售的相关产品涉嫌侵犯其专利权。请求人对被请求人在展览会期间的展销行为进行公证取证后,向上海市知识产权局提出专利侵权纠纷行政裁决请求。同年

---

* 上海知识产权局:沪知法裁字〔2021〕0060 号、0061 号、0062 号。
上海知识产权法院:(2022)沪 73 民特 1 号、2 号、3 号民事裁定书。

12 月 20 日，上海市知识产权局受理立案。受新冠疫情影响，该案件于立案当日中止审理，2022 年 3 月 14 日恢复审理。

在案件办理过程中，上海市知识产权局了解到当事人之间曾经有过多年的代加工合作关系，存在较好的调解基础，并且各方都有调解意愿，上海市知识产权局随即决定先行调解。由于当事人分处多地，合议组通过上海市浦东新区知识产权局多元化解知识产权纠纷跨区域协作联动机制，借助山东省威海市知识产权调解机构向请求人初步释法析理，并通过多轮的远程视频磋商，最终促成当事人就三个关联案件达成一致意见。

在上海市知识产权局的主持下，当事人各方于 2022 年 6 月 14 日通过远程视频的方式，共同完成调解协议签订，随后完成了司法确认。

办案策略及律师工作

办案律师全面分析案情、厘清办案思路，认真制定占据优势地位、拓展缓冲空间、设定底线条款、注重释法明理的办案策略。即利用我方的专利权属和市场所处的优势地位以及维权的正当性，有效发挥多元化解知识产权纠纷跨区域协作联动机制的作用，拓展多元主体矛盾纠纷化解的隔离缓冲地带，在此基础上设定底线条款和缓冲条款，维护我方当事人的合法利益，推动纠纷的高效实质化解。具体而言，办案律师所做工作如下：

一是认真研究侵权产品特点，有的放矢、综合研判，精准调查取证赢得办案先机。因案涉侵权产品不直接面向消费者，系中间状态产品，且其使用状态下无法看出产品形态，也无法识别出制造商，这就对律师的调查取证工作提出了更高的要求。办案律师提前了解侵权展位布展情况，利用展会期间对侵权产品积极宣传以促进交易的商业特点，取得涉嫌侵犯专利权的产品样品以供侵权比对，第一时间固定证据，赢得了办案先机。

二是过细做好各项准备，精心筹划、周密部署，迅速向职能部门发起有效投诉。针对涉外主体知产案件办理的特点，办案律师提前准备权利基础文件、权利人身份信息材料、委托授权材料，以及无效宣告审查决定等权属状态的有利证明文件、过往涉诉或纠纷处理证明文件、展会参展证件等材料，结合所固定的专利权遭受侵害的证据,依据《展会知识产权保护办法》(2006 年 3 月 1 日实施),立即向展会投诉机构和知识产权行政管理部门发起投诉,在展会现场直接下架了侵权方产品,并起到了一定的市场宣传效果。

三是准确把握客户内在需求以及行政机关的调解意向,审时度势、顺势而为,有效推进案件进程。基于我方产品占据优势市场地位的经济效益考量,我方当事人对纠纷解决的时效性有较高期待。同时,案件处理中还要兼顾下游厂家和项目方利益这一因素,这对于矛盾纠纷的柔性化解提出了潜在要求。鉴于此,办案律师实时评估形势,在和上海市浦东新区知识产权局沟通之中,捕捉到其有较强的调解意愿后顺势而为,积极推动多元化解知识产权纠纷跨区域协作联动机制的有效运转,获得了案件快速办理的主动权。

四是坚持设定底线条款和核心条款,占据主动、固守阵地,保障当事人合法权益的实现。利用我方当事人拥有合法有效、高度稳定(历经多次专利无效宣告程序,被国家知识产权局认定专利维持有效)专利权属的特点,结合已固定的侵权证据,适时向侵权方传递调解意愿。首先确定底线条款,即在调解协议中明确侵权事实,要求其立即停止侵权并发表相应声明。在此基础之上提出调解协议的核心条款,即对方若再次侵权,需承担极其高昂的赔偿金额。通过以上底线条款和核心条款的设立,保证了案件办理的良好效果,既有效警示侵权人的不法行为,也有效维护了我方当事人的根本利益。

五是充分发挥专利行政机关的缓冲隔离作用,释法说理,化解冲突,力求案结事了人和的办案效果。疫情快速暴发以及维权取证的对抗性特点,客观上都带来与侵权人沟通调解的实际困难。办案律师不等不靠、主动作为,不厌其烦地与上海市知识产权局反复沟通,力求上海市知识产权局的重视与支持,同时,多方协调上海市知识产权局、山东省知识产权局等调解力量,积极调动多元化解知识产权纠纷跨区域协作联动机制的"媒介"作用,同时对侵权方进行普法说理,避免与侵权方正面对抗,有效推动矛盾纠纷的快速化解。

六是积极克服多重困难,立足现实、主动作为,多手段综合运用促成调解协议的顺利签署。案件办理之中，国外客户直接沟通侵权方存在语言屏障，国内客户因新冠疫情暴发导致的空间障碍，给协议条款的磋商调整以及调解协议的多方签署带来了困难和挑战。办案律师通过取得国外客户的特殊授权，结合三方视频办案技术手段的运用，最终多方顺利实现远程同步签署调解协议，没有因为新冠疫情而影响案件办理效果。

七是坚决推进司法确认程序，排除障碍、固化成果，推动专利侵权纠纷的高效实质化解。由于“行政调解＋司法确认”推动知识产权纠纷化解的模式尚待完善，加上专利行政机关业务繁忙，调解协议签订后，对调解协议进行司法确认程序的推进遇到较大阻力。办案律师努力打通专利行政机关和司法机关的衔接障碍，确保了司法确认程序的最终落地。正是通过推动案涉侵权纠纷的实质化解，办案律师赢得了当事人和办案机关的肯定。

典型意义

该案在专利侵权纠纷先行调解、远程调解与司法确认等方面具有较高的示范价值，充分展现了专利行政裁决案件中先行调解对于定分止争、和谐双赢的积极意义。该案在处理过程中亮点纷呈。一是异地调解中争取当地调解组织的协助，通过当地调解组织进行初步普法说理，有助于消除远程调解的疏远感，有效提升调解成功率；二是在当事人各方远程视步视频签订调解协议过程中，由专利管理部门宣读文本，各方同步视频见证盖章过程，既能更好地确认当事人各方的真实意思表达，又能展现专利管理部门应有的作为；三是积极引导双方当事人申请司法确认调解协议，更多地关注调解协议的履行，真正发挥好定分止争作用①。

① 来源于上海大学知识产权学院院长、副教授袁真富。

在商标无效案件中如何证明己方的在先权利和对方的抢注恶意

——深圳市载途科技有限公司与国家知识产权局“磨房”商标权无效宣告请求行政纠纷再审案*

北京市盈科(深圳)律师事务所　王承恩　史彩云

所获荣誉

深圳市商标协会“2020 年度深圳十大商标典型案例”。

案情简介

深圳市载途科技有限公司(以下简称载途公司)的创始人陈某,自 2001 年开始在深圳组织“磨房百公里”户外徒步活动,影响力逐渐提升。

载途公司创始人陈某自 2004 年 3 月起,陆续在第 38 类、第 39 类、第 43 类、第 25 类和第 18 类等商品或服务类别上申请普通字体的“磨房”商标,并取得注册证;2006 年 3 月,陈某又在第 43 类、第 22 类、第 16 类等商品或服务类别上申请普通字体的“磨房”商标,且也取得注册证。后续这些普通字体的“磨房”注册商标均于 2015 年 3 月从陈某名下转让至载途公司。

随着“磨房”品牌在户外运动中越来越有影响力,载途公司启动品牌升级项目,由创始人陈某于 2012 年 5 月与筹备期间的元空间公司创始人席某达成口头协议,委托元空间公司提供磨房品牌优化服务。

* 最高人民法院:(2020)最高法行再 130 号行政判决书。

元空间公司于2012年10月26日完成磨房品牌的新图样的设计，并与载途公司签订补充协议，约定新图样的全部知识产权归属载途公司。之后元空间公司创始人、法定代表人席某与载途公司的创始人、法定代表人陈某之间有多封邮件往来，邮件附件中包含图样的设计内容（上述经设计过的“磨房”字样商标，以下均称为涉案“磨房”标志）。之后，载途公司支付了元空间公司设计服务费。

2013年以后，载途公司及全资子公司深圳市载途文化传播有限公司（以下简称载途公司）采纳元空间公司的设计成果，启用涉案“磨房”标志作为企业标识及商标，并广泛使用在组织的各类徒步、骑行等户外活动以及载途公司参加或者举办的展览活动中。载途公司还于2013年10月11日在第43类服务上申请了第13339882号商标——。

第三人马某于2015年3月13日，在第6类“金属标志牌”等商品上申请与涉案“磨房”标志完全相同的第16486942号——商标，并于2016年4月28日注册公告。

载途公司就第三人马某注册的该第16486942号商标向原国家工商行政管理总局商标评审委员会（以下简称商评委）提出了无效宣告请求，同时提交了与本案有关的磨房品牌优化项目合作协议、磨房视觉识别手册、载途公司所获荣誉、磨房百公里户外徒步活动照片等，后续又补充提交了载途公司向元空间公司付款的凭证。

针对无效请求，商评委认为：（1）载途公司提交的证据未涉及金属标志牌等商品，不能证明其将诉争商标使用在金属标志牌等商品或与之类似的商品上，并使之具有一定影响，故诉争商标未构成《商标法》第32条所指“不得以不正当手段抢先注册他人已经使用并有一定影响的商标”的情形。（2）载途公司提交的证据中有与元空间公司于2012年5月22日签订了磨房品牌优化项目合作协议，但根据其提交的元空间公司的企业信息可知，元空间公司成立日期为2012年7月4日，且协议中并无设计图样；该协议中项目交付物并不包括“磨房”视觉识别手册，且该手册并未体现制作者和制作时间，不能证明该手册与上述协议存在必然联系，故不能证明载途公司对涉案“磨房”标志享有著作权。载途公司提交的其余证据亦不能证明载途公司对涉案“磨房”标志享有著作权。综上，商评委认为诉争商标的注册未违反《商标法》第32条关于“不得损害他人现有的在先权利”的规定，载途公司的无效宣告理由不成立，并裁定诉争商标予以维持。

后载途公司向法院提起行政诉讼，并向一审法院补充提交了新证据材料，包括元空间公司先后出具的两份《情况说明》，声明其与载途公司签订的《磨房品牌优化项目合作协议》系对签订日期进行了倒签。一审法院还补充查明载途公司提交的作品著作权登记证所记载的作品完成时间为2012年10月26日，登记时间为2017年6月30日。

但一审法院并没有支持载途公司认为诉争商标的注册违反了《商标法》第32条而应宣告无效的主张，理由如下：

首先，由于作品著作权登记证中所记载的内容来源于当事人在证书办理过程中的自述，故在缺乏其他证据予以佐证的情况下，仅凭该证书记载的内容，不能得出其中记载的相关作品已经先于诉争商标申请日完成并公开发表的必然结论。

其次，就《磨房品牌优化项目合作协议》等证据而言，《磨房品牌优化项目合作协议》系载途公司与案外人元空间公司签订，签订时间为2012年5月22日，然而元空间公司的成立日期为2012年7月4日，其成立时间晚于合作协议的签订日，上述日期时间显然存在矛盾。此外，虽然元空间公司先后于2017年6月16日、2017年9月1日出具了两份《情况说明》，声称其签订的《磨房品牌优化项目合作协议》系对签订时间进行了倒签，但其所声称之内容系在待证事实发生5年后对5年前之"情形"进行的"说明"，且其声称之签订时间与《磨房品牌优化项目合作协议》中记载的签订日期不符。鉴于此，在缺乏其他证据予以佐证的情况下，现有证据无法证明载途公司拥有先于诉争商标申请日而形成的著作权。

最后，载途公司所提交的证据均不足以证明其在中国大陆地区在与金属标志牌等相同或类似商品上实际使用过与诉争商标相同或者近似的商标，并通过使用行为使该商标产生了一定的影响。商评委关于诉争商标未违反《商标法》第32条之规定的认定正确，对此予以支持。

一审法院从而驳回载途公司的诉讼请求。载途公司不服，上诉至二审法院。二审法院仍然没有接受载途公司的上诉理由。

二审法院在判决书中认为：《著作权法》保护的作品需要具有独创性。涉案"磨房"标志可以被识别为"磨房"二字，这两个字并非手写字体，虽然"磨"字中的组成部分"石"有一定的变化，但涉案图样整体上并未达到《著作权法》保护作品所要求的基本创作高度，不能体现出审美意义，故涉案图样不具有独创性，未构成著作权法保护的美术作品。鉴于该涉案图样未构成作品，载途公司主张的在先著作权亦不能成立。

此外，二审法院还认为载途公司虽然有在相关活动的纪念牌、标志牌上使用涉案"磨房"标志的照片，但上述使用仅是宣传推广其组织的活动，并非在诉争商标核定使用的金属标志牌等商品进行商标法意义的使用，故载途公司提交的证据不足以证明其在诉争商标核定使用的商品或者类似商品上在先使用了涉案"磨房"标志且具有一定影响。因此，诉争商标的申请注册未构成《商标法》第32条规定的"以不正当手段抢先注册他人已经使用并有一定影响的商标"的情形。二审法院从而认为商评委及一审法院的认定正确，维持了一审判决。

办案策略及律师工作

本案进入再审程序的关键在于发掘并展示证明第三人马某申请诉争商标时的主观恶意，同时还要就载途公司对于涉案"磨房"标志享有在先著作权的核心事实加强论述。

而且，此时马某还向不同的法院、市场监管部门和公安机关起诉或举报载途公司涉嫌民事侵权，甚至刑事犯罪，导致载途公司一度无法正常开展经营活动。代理人在巨大的压力下开展了以下工作：

1. 完善和梳理证据向最高人民法院申请再审。

在一审和二审证据的基础上，代理人制作了包含时间轴、关键证据图片的演示文稿，并就焦点问题梳理出关键证据表单提交最高人民法院，以方便负责审核再审申请的法官快速了解案件的来龙去脉，并抓住核心要点。

2. 进一步暴露马某恶意抢注以牟取不正当利益的主观意图。

在马某起诉载途公司涉嫌商标侵权并索赔近200万元的案件中，代理载途公司出庭并向马某发问其是否在申请诉争商标之前多次参加载途公司组织的"磨房"户外活动？在得到肯定回答后，请求法院记录在案，并将该案庭审笔录作为补充证据提交给最高人民法院。

最高人民法院裁定提审本案后，第三人马某在开庭审理中也再次亲口承认其参加了上述活动，但主张上述活动是免费的，而且此类活动与诉争商标核定使用的商品类别无关，并表示经其咨询，商标注册代理机构认为诉争商标注册在第6类金属标志牌等商品上不侵权不违法。

3. 启动第二次无效宣告程序。

由于担心在诉讼程序中后续补充的证据不被采信，又需要尽快达到宣告诉争商标无效的目标，因此还代理载途公司以起诉之后发现的证据作为新证据，对诉争商标启动第二次无效宣告程序。

裁判要旨及结果

最高人民法院的再审判决撤销了二审判决和一审判决，以及商评委的裁定书，并判决商评委就争议商标重新作出复审决定。最高人民法院主要在以下四个方面纠正或补充了二审法院的意见：

1. 认为涉案涉案“磨房”标志构成著作权法上的作品。

最高人民法院认为：在涉案“磨房”标志中，“磨”字里的“石”没有使用常规写法，而是结合载途公司主办的“磨房网”名称的含义，将其设计成石磨上沟槽形状的旋绕图样，“房”字里的“方”字最后一笔也设计成一横，与“石”字下端笔画保持一致，而且“磨房”二字的整体设计也明显不同于其常见字体，因此，涉案“磨房”标志具有独创性，构成受《著作权法》保护的美术作品。

2. 载途公司的证据可以证明其享有先著作权。

最高人民法院认为：虽然合作协议的签订日期是倒签，但结合元空间公司于2012年10月30日向载途公司交付设计成果、载途公司分别于2012年10月31日和2013年1月6日通过银行向元空间公司支付了合作协议约定的费用以及载途公司在先申请含有涉案“磨房”标志的第13339882号 磨房驿栈 商标的事实，可以认定载途公司委托元空间公司设计了涉案“磨房”标志以及载途公司对涉案“磨房”标志享有著作权。

3. 第三人马某在诉争商标申请日之前接触了涉案“磨房”标志。

马某连续3年参加了载途公司组织的2012年度、2013年度、2014年度磨房深圳百公里活动，佩戴使用了涉案“磨房”标志的标志牌，实际接触了涉案

“磨房”标志。马某于2015年申请的诉争商标中的“磨房”字样与涉案“磨房”标志完全相同，其行为侵害了载途公司的在先著作权。

4. 诉争商标申请注册属于以不正当手段抢先注册载途公司已经使用并有一定影响的商标。

最高人民法院认为：载途公司于2013年组织的深圳磨房百公里活动已经是第13届，其组织的相关活动参加者人数众多；载途公司在2013年组织的活动中开始使用涉案“磨房”标志，并向活动参与者发放带有涉案“磨房”标志的金属标志牌。马某参加了载途公司于2013年和2014年组织的活动，对载途公司在金属标志牌上使用涉案“磨房”标志是应当知道的。在此情况下，马某仍然申请诉争商标，至少在与户外活动紧密相关的金属标志牌上申请诉争商标属于以不正当手段抢先注册他人在先使用并有一定影响的商标。

典型意义

本案很好地体现了以下两个原则：

1. 坚持实事求是的原则，正确采信补充证据。

在案件审理过程中，存在逐步发现线索、需要不断深入发掘并固定证据的可能性，代理人有时限于客观现实，确实不能将全部证据一次性提交齐全。最高人民法院对于当事人后续提交的证据不是简单拒绝，而是认真甄别之后，依据程序方面的法律规定，对确有助于证明案件关键事实的证据予以采信。

2. 坚持打击恶意抢注的原则，维护正常的市场秩序。

近年来，各种商标抢注事件层出不穷。抢注人在抢注成功之后，往往还会通过民事诉讼、行政投诉，甚至刑事举报的手段扰乱被抢注方的正常经营秩序。相应地，法院系统与国家知识产权局也共同加强了打击恶意抢注的力度，通过国家知识产权局负责处理的实质审查、商标异议、商标无效等程序，以及法院审理的行政一审、二审和再审程序，最大限度地防止恶意抢注行为得逞，维护正常市场秩序。

如何证明侵权人背后控制人应当承担共同侵权责任以及如何在商标侵权案件中适用惩罚性赔偿

——广州小鹏汽车科技有限公司诉山东小彭新能源有限公司、王某力、蒋某新、连云港赣榆振兴机动车销售有限公司、连云港坤卓机动车销售有限公司侵害商标权及不正当竞争纠纷案*

北京市盈科(南京)律师事务所　闫东伟　徐露露

所获荣誉

连云港市中级人民法院“2022 年度知识产权司法保护典型案例”。

案情简介

广州小鹏汽车科技有限公司(以下简称广州小鹏公司)及其关联公司系国内知名的新势力电动汽车企业,目前已经在第 12 类等多个产品类别上注册了“小鹏”“X”“X PENG”等文字商标、图形商标。

2022 年 8 月,广州小鹏公司代理人在连云港赣榆振兴机动车销售有限公司(以下简称振兴公司)、连云港坤卓机动车销售有限公司(以下简称坤卓公司)共同经营的一家店铺里公证购买到一辆“小彭”电动汽车,该汽车车头中间挂有“”造型的标识,车头车尾悬挂的车牌上印有“”“小彭汽车”“XPENG”;同时车尾中间也有“XPENG”商标标识。

* 江苏省连云港市中级人民法院:(2022)苏 07 民初 441 号民事调解书。

店铺工作人员提供的汽车合格证上注明生产商为被告山东小彭新能源有限公司（以下简称山东小彭公司）。

王某力对山东小彭公司100%持股，而蒋某新为山东小彭公司的总经理、实际控制人。

因此，广州小鹏公司认为，山东小彭公司未经许可，擅自使用与其商标相同或近似的标识，且使用的商品亦与案涉注册商标指定的商品相同或类似，侵犯了其注册商标专用权。山东小彭公司在注册登记企业名称时应尽合理避让义务，其明知"小鹏"企业字号，仍将"小彭"作为企业字号登记注册并使用，且明显是为了生产、销售侵权产品而成立，具有恶意。"小彭"与"小鹏"仅一字之差，呼叫完全相同，足以误导公众，山东小彭公司已构成不正当竞争行为。王某力作为山东小彭公司的唯一股东，应当对公司债务承担无限连带责任。蒋某新作为实际控制人以及共同侵权人，应当与山东小彭公司一起共同承担侵权责任。振兴公司、坤卓公司未经许可，擅自销售带有案涉侵权标识的商品，侵犯了广州小鹏公司的注册商标权。广州小鹏公司诉至连云港市中级人民法院，请求判令山东小彭公司等主体立即停止商标侵权及不正当竞争行为、赔礼道歉并适用惩罚性赔偿按照侵权获利的3倍判令赔偿其经济损失及合理开支共计500万元（振兴公司、坤卓公司赔偿50万元）。

办案策略及律师工作

本案山东小彭公司等主体案涉行为侵犯广州小鹏公司的注册商标权以及构成不正当竞争行为争议不大，本案的关键点如下：

1. 如何取到有利的证据，并争取在江苏省境内管辖。

2. 如何取得高额的判决金额。在于能否适用惩罚性赔偿，换言之，本案广州小鹏公司代理人如何证明山东小彭公司、蒋某新具有侵权恶意、侵权情节严重，且惩罚性赔偿的基数可以确定，其中最难主张的在于如何确定惩罚性赔偿的基数。

3. 如何执行到高额的赔偿。山东小彭公司为新注册的空壳公司，如何最终获得高额赔偿以及蒋某新个人能承担连带赔偿责任。

针对上述问题，承办律师团队制定了如下诉讼策略：

1. 民、行、刑，全面思维和准备。

在接受委托后，考虑到被告的侵权行为，制定了民事、刑事、行政立体追责的代理思路，因为当时涉及疫情等因素，刑事没有启动，行政和民事同时启动后，效果明显，其中行政投诉后，市场监督管理局对于侵权行为的惩处力度很大，为后续和解创造了很好的条件，同时给侵权行为以有力的打击。

2. 擒贼擒王，怎么让实际控制人承担责任。

蒋某新为本案的实际控制人，也有支付能力，怎么让其承担责任是重中之重。对此，承办律师整理出以下可以证明蒋某新是共同侵权人的事实：

(1) 本案中，蒋某新在山东小彭公司成立之前就开始从事案涉侵权产品小彭汽车的生产、销售、宣传工作，并且可以自由出入、视察生产厂区，还拥有很大的办公室，系山东小彭公司总经理。

(2) 蒋某新本人系被诉侵权标识“X”的商标申请人，该侵权标识被使用在被诉侵权产品、生产车间、办公室、生产厂房外墙、展会上，而蒋某新本人对于该使用情况完全知晓，再结合蒋某新与山东小彭公司的紧密关系，证明两者具有明显的共同侵权故意，而难言为职务行为。

(3) 蒋某新还是“小彭”商标的持有人，蒋某新明知山东小彭公司将“小彭”注册为企业字号、商品名称命名为“小彭汽车”、将“小彭汽车”与侵权标识“X”“XPENG”单独或一起使用于侵权产品、生产车间、办公室、生产厂房外墙、展会等，但仍然实施案涉商标侵权与不正当竞争行为，构成共同侵权。

3. 如何获得高额判赔，即如何证明本案能适用惩罚性赔偿。

在检索过程中，承办律师发现抖音一账户不断发布山东小彭公司的发货视频，故定期对该账户所发布的视频进行录屏取证，并对每一个视频中的发货数量进行计数，最终计算出截至起诉时山东小彭公司的大致销售量，并结合“低速电动车”行业的大概利润率，初步举证山东小彭公司侵权获利。

因此，承办律师结合全案其他证据，对惩罚性赔偿的三大要件进行了以下说理：

（1）山东小彭公司与蒋某新的侵权恶意。

①山东小彭公司作为同类商品的经营者，理应知晓案涉小鹏汽车商标具有很高的知名度，却仍然在其生产的产品“小彭汽车”上突出使用与涉案商标相同、近似的商标。

②为攀附原告商标知名度，由蒋某新全资持股的江苏奔跑新能源有限公司在2015~2018年持续对“小鹏”及近似的“小朋”商标在第7、9、11、12、35、36、42类上进行申请，并且江苏奔跑公司在申请注册第19610076号“小鹏”商标被驳回后，仍然在对“小鹏”商标不断申请注册；2020年，蒋某新又申请注册“X”图形商标（异议中），证明蒋某新具有明显的商标意识，应当充分知晓原告及其关联公司在先注册的案涉商标，仍在明知被诉标志可能会导致商品来源混淆误认的情况下，与山东小彭公司共同生产、销售侵权商品，主观恶意明显。

③山东小彭公司实施了假冒注册商标的行为。山东小彭公司生产、销售的侵权商品“小彭汽车”与原告商品“小鹏汽车”属于同一种商品，均为电动汽车；山东小彭公司在侵权商品所使用的“XPENG”图形标识与广州小鹏公司第28600186、26345963、48899175、59502259、59166849号商标在视觉上基本无差别，属于相同商标。

（2）侵权情节严重。

①山东小彭公司以侵害知识产权为业。山东小彭公司于2022年3月30日成立，其自成立之日起就一直从事案涉侵权产品小彭汽车的生产、销售，是其全部（主要）经营业务，构成其主要利润来源。

②山东小彭公司通过侵权行为获利巨大。按照现有证据，山东小彭公司获利颇丰。

③案涉“小彭”汽车的销售范围广（遍布山东、山西、河南、河北、辽宁、黑龙江、吉林、内蒙古、天津、江苏、宁夏等多个省市）、侵权规模大、渠道多（线上、线下）、还参加广饶车展、济南车展等，影响恶劣。

④山东小彭公司不仅在商品、建筑物等上使用了被控侵权标识，还将商品名称命名为“小彭汽车”，并使用“小彭”作为企业字号构成不正当竞争，存在多个侵权行为，再结合小鹏汽车以及权利商标的知名度、影响力，山东小彭公司实施的多个模仿、攀附行为，会更加造成相关公众对商品来源的混淆以及更加严重淡化权利人所拥有的品牌知名度。

(3)惩罚性赔偿基数。

本案广州小鹏公司主张以山东小彭公司的侵权获利为基数。

通过对“小彭高端电轿”账号在抖音平台所发布的全部发货视频进行统计，自2022年4月起至11月，山东小彭公司至少销售了1896辆“小彭”汽车。

根据坤卓公司提供的证据，山东小彭公司的利润率至少为36.5%。

因此，即使按照36.5%利润率计算，山东小彭公司的获利为1896×1.89×36.5%=1307.96万元，若认定权利商标对于其侵权获利的贡献率为50%，按照3倍计算商标侵权的惩罚性赔偿数额，则为1307.96×50%×(1+3)=2615.91万元，远超出广州小鹏公司诉请的500万元，所以广州小鹏公司主张的经济损失理应获得全部支持。

4. 知己知彼，诉讼前的充分准备和摸排。“兵分三路”实地取证，以及去连云港提前探路。

承办律师团队前期根据现有线索“兵分三路”分别前往山东、河南、江苏等地进行实地调查取证，发现了几家销售门店以及山东小彭公司的实际生产经营地址；根据实地取证的线索并结合经销商特点，承办律师在抖音、快手平台上持续检索，发现了大量销售门店，并及时利用时间戳取证，固定下案涉“小彭”汽车的销售范围、规模，也了解了公司的实际经营情况。后面承办律师在自媒体平台上发现“小彭”汽车的销售范围已扩展至江苏省连云港市，对此承办律师实地去摸排情况，为公证购买打下基础。

5. 欲擒故纵、速战速决。

代理案件立案后，被告方律师多次找到我方来谈和解事宜，经过庭审以及多轮谈判，在条件谈得比较合适的时候，代理律师与对方达成了和解，使案件取得了最好的效果，震慑了侵权行为，取得了高额的赔偿，也有利于客户的市场稳定，实现了三赢。法庭如战场，战机的把握很重要。

裁判要旨及结果

连云港市中级人民法院出具(2022)苏07民初441号民事裁定书，责令山东小彭公司限期向法院提交与被控侵权行为相关的所有财务账簿、资料。

最终，在上述裁定书以及承办律师提供的1600多页坚实证据的压力下，山东小彭公司、蒋某新多次向承办律师表达了调解意向，为此承办律师为广州小鹏公司制定了周密的调解方案，山东小彭公司、蒋某新基本上同意了广州小鹏公司的全部调解方案，并在法院的主持下达成调解。

典型意义

长期以来，“低速电动车”汽车产业一直游走在灰色地带，对正规汽车的山寨、抄袭更是蔚然成风，如山寨的劳斯莱斯、兰博基尼，还有后面被大量模仿的MINI Clubman、Smart精灵、五菱宏光MINI EV等。很多车企可能是出于调查取证困难、维权成本高等因素考虑并未采取维权措施，但相信本案的成功会为相关车企注入一针“强心剂”，同时会对侵权的“低速电动车”制造商敲响“警钟”。对于肃清该行业的抄袭之风起到积极的促进作用。同时，发展新能源汽车是我国从汽车大国迈向汽车强国的必由之路，是应对气候变化、推动绿色发展的战略举措，本案的审理为推动新能源汽车产业高质量发展、品牌建设提供了有力的司法支撑。①

① 以上“典型意义”部分的内容，来自《涉及汤沟、梦之蓝、好太太、小鹏汽车……连云港法院2022年度知识产权司法保护典型案例》微信公众号文章（网址：https://mp.weixin.qq.com/s/QubxSL7ywRSvzAQBa2VF1A）。

如何运用“商标无效程序”解决商标与在先商标权利冲突的问题

——再审申请人绍兴咸亨食品股份有限公司与被申请人国家知识产权局、一审第三人安庆市高平老奶奶食品有限责任公司商标权无效宣告请求行政纠纷案*

北京市盈科(南京)律师事务所　闫东伟

所获荣誉

南京市律师协会“2020 年度十大知识产权优秀案例”。

案情简介

绍兴咸亨食品股份有限公司(以下简称咸亨公司),股票挂牌上市公司。前身咸亨酱园始建于清乾隆元年(1736 年),现为中国最大腐乳出口企业,生产经营腐乳、酱油、黄酒等调味食品已有 270 多年历史,产品遍布全国及港澳、东南亚、欧美等国家和地区,产销量位居全国腐乳行业前列,屡登“浙江省名牌产品”荣誉榜。

咸亨公司于 2014 年 11 月 26 日申请注册第 15799386 号“老奶奶”文字商标(以下简称诉争商标),专用权期限至 2026 年 1 月 20 日,核定使用在(第 29 类)“腌小黄瓜;酱菜;腐乳;花生酱;芝麻酱;桂花;豆腐;冬菇;木耳;萝卜干”商品上。该商标与其主营业务息息相关,系其核心商标。

---

* 最高人民法院:(2020)最高法行再 166 号。

第三人安庆市高平老奶奶食品有限责任公司（以下简称高平老奶奶公司）于2013年1月18日申请注册第12068521号“何记老奶奶 HE JI LAO NAI NAI”文字商标（以下简称引证商标一），专用权期限至2025年8月13日，核定使用在（第29类）“肉；鱼制食品；水果罐头；果肉；腌制蔬菜；蛋；牛奶制品；食用油脂；加工过的坚果；干食用菌”商品上。高平老奶奶公司于2013年12月24日申请注册第13792437号“怪奶奶”文字商标（以下简称引证商标二），专用权期限至2025年3月6日，核定使用在（第29类）“蛋；干食用菌；加工过的花生；加工过的坚果；牛奶制品；肉；食用油脂；以果蔬为主的零食小吃；鱼制食品；腌制蔬菜”商品上。

高平老奶奶公司就咸亨公司所持“老奶奶”商标向原国家工商行政管理总局商标评审委员会（以下简称商评委）提出了商标无效宣告程序。对此，咸亨公司提交了以下证据材料：（1）获奖证明；（2）股票挂牌上市证明；（3）商标查询清单；（4）销售区域清单、部分发票及商品包装瓶贴；（5）诉争商标品牌产品在网站上的相关信息作为证据，主张诉争商标在“腌小黄瓜、酱菜、腐乳、花生酱、芝麻酱、桂花、冬菇、木耳、萝卜干”商品上的注册应予维持。

商标评审委员会于2018年4月24日作出商评字〔2018〕第72951号关于诉争商标无效宣告请求裁定（以下简称被诉裁定）。商评委认为：诉争商标在“腌小黄瓜、酱菜、腐乳、花生酱、芝麻酱、桂花、冬菇、木耳、萝卜干”商品上的使用与引证商标一、商标二构成相同或类似商品上的近似商标。诉争商标在“豆腐”商品上的使用与引证商标不构成相同或类似商品上的近似商标。诉争商标在“豆腐”商品上予以维持，在其余商品上予以无效宣告。

办案策略及律师工作

代理律师认为，在商标注册过程中、商标无效行政程序中以及后续的行政诉讼程序中，商标近似的标准应该是一致的，若依据被诉裁定的判断标准，则咸亨公司在2001年申请的“老奶奶”商标理应构成本案中高平老奶奶公司的两个引证商标的在先申请障碍。遂代理律师在本案一审、二审中整理了如下代理思路：

1. 商评委无效宣告尺度与商标局商标注册审核标准存在脱节，应当趋于一致。

2. 涉案“老奶奶”商标系2001年商标权利的延伸注册保护,不应被宣告无效。

3. 在诉讼进程中同时对涉案高平老奶奶公司两个引证商标提出无效宣告程序,成功以咸亨公司2001年在先申请注册的“老奶奶”为引证商标,将本案涉案的两个引证商标成功予以无效宣告,清除了在先权利障碍。

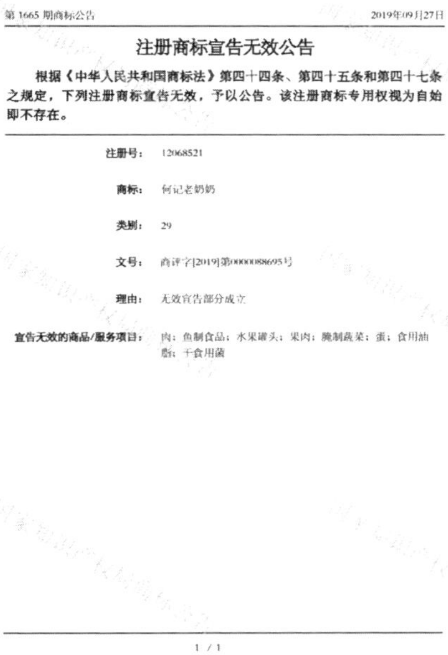

第1665期商标公告　　2019年09月27日

注册商标宣告无效公告

根据《中华人民共和国商标法》第四十四条、第四十五条和第四十七条之规定,下列注册商标宣告无效,予以公告。该注册商标专用权视为自始即不存在。

注册号: 12068521

商标: 何记老奶奶

类别: 29

文号: 商评字[2019]第0000088695号

理由: 无效宣告部分成立

宣告无效的商品/服务项目: 肉;鱼制食品;水果罐头;果肉;腌制蔬菜;蛋;食用油脂;干食用菌

1 / 1

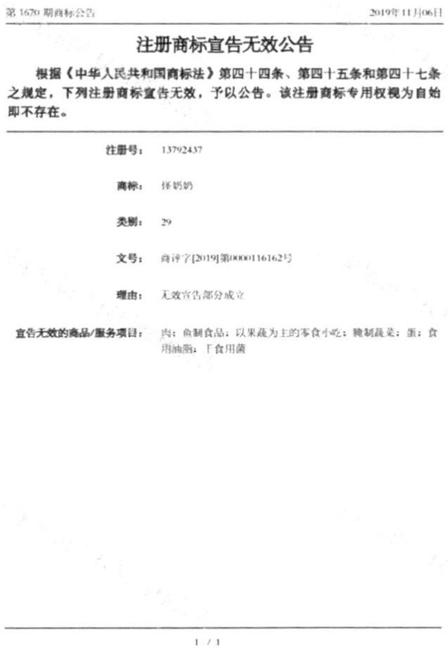

第1670期商标公告　　2019年11月06日

注册商标宣告无效公告

根据《中华人民共和国商标法》第四十四条、第四十五条和第四十七条之规定,下列注册商标宣告无效,予以公告。该注册商标专用权视为自始即不存在。

注册号: 13792437

商标: 怪奶奶

类别: 29

文号: 商评字[2019]第0000116162号

理由: 无效宣告部分成立

宣告无效的商品/服务项目: 肉;鱼制食品;以果蔬为主的零食小吃;腌制蔬菜;蛋;食用油脂;干食用菌

1 / 1

图:“何记老奶奶 HE JI LAO NAI NAI”商标宣告无效公告(左)、“怪奶奶”商标宣告无效公告

4. 在本案代理律师对高平老奶奶公司的涉案两个引证商标提出无效宣告的同时,高平老奶奶公司也在诉讼期间对咸亨公司于2001年注册的“老奶奶”商标提出了连续3年不使用的撤销申请,代理律师积极进行了撤三答辩,使得在先商标被成功维持,之后针对咸亨目前商标状况,建议咸亨公司对核心商品项目进行补充注册,以全面防范风险。

裁判要旨及结果

本案经过一审、二审、再审三个阶段,代理律师最终在二审判决维持被诉

裁定后，等到了国家知识产权局商标局对两个引证商标的注册商标宣告无效公告，且在撤三答辩中成功维持了咸亨公司2001年申请的“老奶奶”商标。遂代理律师向最高人民法院提起了再审程序。经最高人民法院再审审理后，最高人民法院撤销了原国家工商行政管理总局商标评审委员会作出的被诉裁定，并判决知识产权局重新作出商标无效宣告请求裁定，后成功维持了咸亨公司在核心商品项目上的注册商标。

最高人民法院的改判理由：

一审、二审法院均以相同的理由支持了商标评审委员会的裁定，判决维持被诉裁定。上述裁判均以引证商标一、商标二的合法有效为事实前提。但在案件事实发生变化后，审理依据也相应发生变化。

根据再审期间查明的事实，引证商标一、商标二在“肉；鱼制食品；水果罐头；果肉；腌制蔬菜；蛋；食用油脂；干食用菌”商品上均已被宣告无效，而仅在“牛奶制品、加工过的花生、加工过的坚果”商品上予以维持有效，故引证商标一、商标二仅在上述商品上对诉争商标构成权利障碍。引证商标一、商标二维持有效的“牛奶制品、加工过的花生、加工过的坚果”与诉争商标核定使用的“腌小黄瓜；酱菜；腐乳；桂花；豆腐；冬菇；木耳；萝卜干”商品不构成类似商品，故诉争商标在上述商品上应予维持有效；与“花生酱；芝麻酱”商品构成类似商品，故诉争商标在“花生酱；芝麻酱”商品上应予无效。

鉴于一审、二审判决均以引证商标一、商标二合法有效为事实前提，本案引证商标一、商标二的注册在部分商品上已被国家知识产权局宣告无效，该裁定已发生法律效力，一审、二审判决所依据的主要事实，即引证商标一、商标二在部分商品上注册的合法性已不存在，本案诉争商标的在先权利障碍已部分消除，商标评审委员会作出的被诉裁定应当予以撤销。

典型意义

本案的当事人为一家老字号企业，涉案商标为核心商标，并且投入使用多年在业内产生了影响力,如果不能得到法律保护将产生很大的损失。本案是一件成功运用"商标无效程序"解决商标与在先商标权利冲突的问题,历经一审、二审、再审三个程序,代理律师在该案中,多次强调法官不能被动消极应对该类案件,商标是否近似的认定标注,在各个程序中应该一致,经过再审,成功帮助咸亨公司维护了核心商品项目上的商标注册。该案件,针对国家知识产权局在审查商标行政案件、商标行政许可中的审查标准的统一,有一定的督促借鉴作用,对商标行政案件审查等相关案件也有较强的借鉴意义。

电子商务中商标侵权惩罚性赔偿的具体考量

——小米科技公司诉深圳小米公司等侵害商标权及不正当竞争纠纷案*

北京盈科(上海)律师事务所　王　玮　徐　涛

所获荣誉

广东省高级人民法院"2021年度广东法院知识产权司法保护十大案件";深圳市中级人民法院"2021年度深圳法院十大知识产权民事行政典型案例";广东省高级人民法院"2022年度广东法院知识产权惩罚性赔偿典型案例"。

案情简介

原告小米科技有限责任公司成立日期为2010年3月3日,注册资本185,000万元,原名称为北京小米科技有限责任公司,于2013年7月变更为现名,经营范围包括技术开发;销售通信设备、家用电器、照相器材、计算机、软件及辅助设备、电子产品、手机技术开发;手机生产;经营电信业务等。

原告小米公司于2011年在第9类"手提电话"等类别申请注册了"小米"文字商标,商标注册证号为8228211。2019年12月31日,江苏省高级人民法院作出(2019)苏民终1316号民事判决,认定小米科技公司第

---

* 广东省深圳市中级人民法院:(2020)粤03民初7080号民事判决书。

8228211 号“小米”商标在 2011 年 11 月 23 日之前已构成驰名商标。2021 年 1 月 20 日，广东省高级人民法院作出民事判决（2020）粤民终 1713、1714 号民事判决，维持了该案一审判决关于小米科技公司第 8228211 号“小米”商标在 2013 年 12 月 12 日之前已构成驰名商标的认定。商标局的商标评审文书也均认定原告注册的第 8228211 号“小米”商标为驰名商标。另外，原告小米科技公司自上市以来，手机出货量及市场知名度极高。

被告深圳小米公司核准登记日期为 2012 年 12 月 24 日，公司设立登记时申请的经营范围：网上从事手机配件、电源、塑料制品、耳机、音响、充电器、电子产品、通信产品、扬声器、电脑周边设备、光电产品的销售，计算机软件的开发，国内贸易。公司股东为王某华、王某矿。2017 年 10 月 25 日，被告深圳小米公司股东由王某华、王某矿变更为朱某林、陈某艳。2019 年 1 月 25 日，朱某林、陈某艳将被告深圳小米公司 100% 的股权转让朱某萍，被告深圳小米公司股东由朱某林、陈某艳变更为朱某萍，被告深圳小米公司变更为一人有限责任公司。朱某萍于 2019 年 1 月 25 日签署承诺书，称“本人现因股权转让成为一人有限公司‘深圳市小米贸易有限公司’的股东，本人承诺未曾设立其他一人有限公司，并严格遵守《公司法》第二章第三节关于一人有限公司的相关规定，因违反承诺和有关法规而引起的任何法律责任，本人自行承担”。

2020 年 9 月 19 日和 11 月 9 日，原告小米科技公司的委托代理人分别在上海市张江公证处，通过公证处易存电子证据保全服务平台进行操作，并对其中的电子存证数据进行证据保全公证。

该两次公证存证的内容显示：

1. 在淘宝网首页输入“小米按摩仪”点击搜索，显示若干商品，其中商品名称为“[小米]颈椎按摩仪超便携”、经营者为“小米数码专营店”的商品排第二位，点击该商品进入该商品的许诺销售网页。该网页左上显著位置标注“回小米数码专营店”“小米数码专营店”，商品标题名称为“颈椎按摩器颈部按摩仪 PGG 智能肩颈护颈仪富贵包疏通器理疗脖子办公室多功能便携家用热敷礼物小米数码专营店”。经点击该店铺的经营者信息，显示企业名称为被告深圳小米公司。原告称被告深圳小米公司在颈椎按摩仪商品上使用“小米”作为关键词。被告深圳小米公司对此称其购买的关键词中有可能包含“小米”，其向平台购买关键词，平台会给其提供一个搜索引擎关键词的挑选账户，其输入一定的商品类别以后，该账户会推送一些带有品牌的关键词供参考，其有可能会选择“小米按摩仪”作为关键词的服务。

2. 原告的委托代理人——点击该店铺在公证之时的所有销售商品，并分别进行了证据保全公证。每一个商品的许诺销售网页左上显著位置标注“小米数码专营店”“小米数码专营店”，部分产品的商品详情页显示消费者作出了如下评论：“冲着小米牌子买的，其实没一点关系，有点上当受骗的感觉！”“差评！用过的最烂的小米产品！用了一天，无法充电，返回厂家，说是换新，回来的很旧不说，依然无法实现充电，没精力再返厂了，直接丢垃圾桶……”“我以为是小米的，后来发现不是”“以为是小米的才买的，结果质量很差，不停漏水……”“此小米非那小米……此产品包装、外观均没有 LOGO，也没有厂家名称和地址……”“山寨的小米，李逵碰上了李鬼……”等。

经当庭核对以上保全的产品许诺销售情况，原、被告双方均确认以上所有销售商品共涉及 182 个商品 ID，产品种类分别包括：

（1）属于第 9 类的商品：电容笔、数据线、耳机、笔记本散热器、音响、拓展坞、贴膜、手机挂绳、手机钢化膜、钢化膜、手机散热器、无线蓝牙音响、暖手宝、充电宝、转接头、手机壳、加热鼠标垫、充电器头、移动电源、激光翻页笔、自拍杆、声卡转换器、运动手环；

（2）属于第 10 类的商品：按摩仪、筋膜枪；

（3）属于第 11 类的商品：暖风机、加湿器棉棒、暖宫袋、取暖器、恒温杯垫、风扇、紫外线杀菌灯、加湿器、净化器、热水袋；

（4）属于第 20 类的商品：手机支架、电脑支架；

（5）属于第 21 类的商品：灭蚊灯；

（6）属于第 3 类的商品：车载香水；

（7）属于第 7 类的商品：3D 打印笔、吸尘器；

（8）属于第 16 类的商品：写字板。

被告深圳小米公司在许诺销售以上商品的网页中，在其中 159 个商品上标注被告深圳小米公司为生产厂家，有 16 个未标注任何生产商家，有 7 个标注其他市场主体为生产厂家。

以上被告深圳小米公司销售的商品中，根据其在商品标题中对“小米”不同的用法，可分为以下几类：（1）在商品标题末尾标注“小米数码专营店”，属于该类情形的产品 ID 共计 98 个，包括前述大部分商品；（2）在商品标题末尾标注“小米专营店”，属于该类情形的产品 ID 共计 4 个，对应的商品为充电器、灭蚊灯、暖手宝、充电宝；(3) 在商品标题中直接标注“小米”，属于该类情形的产品 ID 共计 14 个，对应的商品为耳机、钢化膜、手机散热器、充电宝、充电器头、数据线转接口、数据线、手机壳，商品标题分别为“苹果蓝牙耳机无线双耳运动跑步单耳头戴式 X7PLUS8P 超长待机小米 vivo 华为 oppo 安卓通用项圈女颈挂脖入耳式男”“蓝牙睡眠耳机双耳无限入耳挂脖式 asmr 侧睡不压耳隔音降噪防噪音睡觉带的专用运动小型华为小米待机软耳塞”“蓝牙睡眠耳机双耳无线入耳颈挂脖式 osmr 侧睡不压耳隔音降噪防噪音睡觉带的专用运动小型华为小米待机软耳塞”“小米 9 钢化膜九覆盖原装防指纹 8 玻璃 mi9se 高清透明无白边 mix2s 贴膜红米 note7pro 全屏包边抗蓝光防摔防窥原厂前”“type-c 数据线转苹果接口小米 mix2s 三星 s8 闪充华为 p9p10p20 快充 iPhone6s 原装荣耀 v8v9v10 安卓手机加长”“typec 转接头快充耳机二合一小米 8/9/10 华为 mate30pro 手机 tape 安卓 tpc 双 3.5mm 接口 tpyec 直播转换器线全兼容”“多口充电器头苹果 PD 快充 65w 多孔 18w 手机通用 iPhone11 闪充 usb 插头 QC3.0 快速 5a 华为 40w 多功能 ipad 多头安卓 x 小米”“Type-c 数据线小米 9 闪充 10tc 安卓 6x 华为快充 8se5 红米 k20tpyec3 青春版 K30 原装正品 note7 充电器线加长 pro8a”“红米 k30 手机壳 redmi 保护套 k30 液态硅胶个性创意防摔全包小米 K20 尊享版 K20pro 外壳创意磨砂超薄 por 网红女款男”“手机散热器发烫直播降温散热器黑鲨背夹液氮半导体小风扇苹果制水冷主播同款吃鸡冷却贴片壳发热不求人小米”；(4) 在商品标题中标注“适用于……小米”“适用于小米”“通用小米”，属于该类情形的产品 ID 共计 10 个，包括耳机、充电宝、充电器、手机转接头、计步器、运动手环、手机支架等商品；(5) 在商品标题中未标注任何“小米”或者与“小米”相近似信息，属于该类情形的产品 ID 共计 56 个。

3.“小米数码专营店”还标注了“诚信招商优质工厂、产品设计及大客户充电系列、车载系列、直播系列、音箱系列、线材系列、自拍系列、HUB 系列、智能手环系列等手机、电脑周边配件”字样，并标注了联系方式。

4. 2020 年 11 月 9 日，原告代理人将“小米数码专营店”销售的白色 4D 按摩仪 1 个(单价为 269 元)、10,000mAh18w 白色充电宝 2 个(单价 78 元)、白色加湿器 2 个(单价 15.9 元)、粉色暖手宝 2 个(单价 73 元)、萌宠白色灭蚊灯 1 个(单价 69 元)、白色颈椎按摩仪 1 个(单价 183 元)等商品加入购物车并购买，并在公证员的监督下进行保全。当庭拆封原告公证购买的被诉侵权商品，所有商品上均未标注与涉案商标相同或近似的标识。内有一款“按摩仪 ERBOA 肩颈按摩仪（4D 款）”，制造商为深圳市小米贸易有限公司；一款“智能肩颈按摩仪”，制造商为深圳市大头人实业有限公司；一款“萌宠灭蚊灯”，生产商为东莞市清溪深广利电器厂；一款“熊宝宝加湿器”，监制商为深圳市小米贸易有限公司；一款“5000 毫安萤石暖手宝”，没有显示生产厂家信息；一款“白色充电宝”，制造商为深圳市华博能电子有限公司。被告深圳小米公司确认以上被诉侵权商品为其销售。

原告小米科技公司认为被告在创意标题、产品标题中使用“小米”，在店招中使用“ ”“小米数码专营店”等标识构成商标侵权，鉴于被告深圳小米公司销售的产品类别较多，而以每个类别商标进行维权，权利基础较为凌乱，因此小米科技公司在本案提起司法认定“小米”商标为驰名商标简化权利基础处理。据此，小米科技公司委托本律师代理此案，向深圳市中级人民法院提起诉讼。请求判令被告深圳小米公司立即停止侵害对原告注册商标专用权的侵害，停止使用“小米”作为字号的企业名称，判令被告深圳小米贸易公司赔偿原告小米科技公司经济损失及合理费用 3000 万元（主张惩罚性赔偿）。

法院经审理认为被告在商品标题中使用“小米”构成商标侵权，且在被告深圳小米公司成立前原告小米科技公司的“小米”商标已经构成驰名商标，可禁止被告使用“小米”企业字号，对于损失赔偿部分，法院充分考虑到被告侵权具有恶意，且情节严重，依法适用了惩罚性赔偿。对于惩罚性赔偿的计算，法院依职权向天猫公司调取该店铺近 3 年的交易数据显示，以上 182 款被诉商品的销售金额共计 1.54 亿元。小米公司申请法院责令深圳小米公司提交进货交易凭证等证明其成本的证据，但深圳小米公司无正当理由拒不提供，法院故推定小米科技公司就该证据所涉证明事项的主张成立，以同行业企业利润率 30.78% 计算本案利润率。法院又根据涉案商标的知名度、深圳小米公司的使用方式、经营方式等，酌情认定涉案商标对被告获利的贡献率为 30%。深圳小米公司明知涉案商标仍故意侵权，其侵权行为时间长、范围广、规模大，且存在明知商标侵权还结合多种行为实施、以招商行为扩大范围实施、在有被投诉经历后仍然对其他类似商标侵权行为予以实施等情节，属于情节严重，故适用 3 倍惩罚性赔偿，据此计算商标侵权赔偿数额为 3740 余万元。在此基础上叠加不正当竞争赔偿部分的赔偿数额及合理维权费用后，已经超出本案诉讼主张，故判决全额支持小米科技公司 3000 万元的诉请。最终判决被告深圳小米公司立即停止商标侵权行为，立即停止在企业名称中使用“小米”的不正当竞争行为，并就侵害商标权及不正当竞争行为在天猫店铺首页刊登声明、消除影响，深圳小米公司赔偿小米科技公司经济损失及合理维权费用共计 3000 万元。判决后,原被告服判息诉。

办案策略及律师工作

本案中,由于被告深圳小米公司侵权链接较多,涉及的产品种类繁多,据此本案代理律师进行了两次证据保全。首先,根据被告深圳小米公司销售的产品类别,确定本案的诉讼策略,以驰名商标提起本案的诉讼。其次,对于惩罚性赔偿的计算依据,因本案为电商环境下的侵权行为,其销售的数据在平台均有保存,因此本案代理律师积极与法院进行沟通向天猫平台调取被告深圳小米公司涉案 182 款产品的销售数据。而后,确定商品的利率润。对于利润率,本案代理律师向法院提供了两种计算方式:其一,根据商品实物向阿里巴巴平台索其销售价格,与本案公证购买之间的价格差异,算出被告深圳小米检公司销售的毛利率。其二,提供同行业上市公司小熊电器公司销售商品的毛利率。为了准确查明本案被告深圳小米公司销售商品的毛利率,本案代理律师还是向法院提出书证命令责令提供申请书,因相应的成本数据均由被告深圳小米公司掌握,因此法院根据原告小米科技公司的申请,向被告发出裁定书,裁定其在指定期限内提供相应的进价等成本,但被告未能提供,因此法院采纳了本律师提供的相同行业上市公司的产品毛利率来计算本案被告深圳小米公司的获利。

裁判要旨及结果

裁判要旨:

1. 在计算惩罚性赔偿基数时可积极适用书证提出命令。适用时应严格审查原告提出命令是否超举证期限、内容是否具体、书证是否为案件查明事实所必需、被告是否掌握书证等要件,同时综合衡量裁定被告提出书证是否会导致双方诉讼利益明显失衡等因素。

2. 行为人曾将他人商标作指示性合理使用后对同一商标实施侵权行为

的，或者将他人多个不同商业标识结合使用实施侵权行为的，可以初步认定行为人具有侵害商标权的故意。

3. 行为人不仅自己实施商标侵权行为，还通过招商合作的形式进一步扩大侵权范围的；或者因在相同商品上使用相同标识的商标侵权行为在电商平台上被通知删除侵权链接后，又实施相同或者类似侵权行为的，可以认定为情节严重。

判决结果：

1. 被告深圳市小米贸易有限公司自本判决生效之日起立即停止侵害原告小米科技有限责任公司第 8228211 号注册商标专用权的行为，即立即停止在销售的相关商品标题上使用“小米数码专营店”“小米专营店”“小米”；

2. 被告深圳市小米贸易有限公司自本判决生效之日起立即停止不正当竞争行为，即立即停止使用“深圳市小米贸易有限公司”企业名称、“小米”字号；

3. 被告深圳市小米贸易有限公司自本判决生效之日起 10 日内连续 30 日在店铺首页刊登消除影响声明，声明内容由法院审定，如被告深圳市小米贸易有限公司拒绝履行，法院将在全国发行的报纸上刊登本判决的主要内容，费用由被告深圳市小米贸易有限公司负担；

4. 被告深圳市小米贸易有限公司自本判决生效之日起 10 日内赔偿原告小米科技有限责任公司经济损失及合理维权费用共计人民币 3000 万元；

5. 被告朱某萍对被告深圳市小米贸易有限公司的前项赔偿责任承担连带责任。

典型意义

本案是全国首例在惩罚性赔偿中适用书证提出命令的案件，是适用 3 倍惩罚性赔偿、全额支持原告 3000 万元诉讼请求的一审生效案件，被评为广东省首批惩罚性赔偿典型案例，被《法治日报》、深圳卫视《晚间报道》等报道。阻碍惩罚性赔偿制度有效落地的最大难点，一是如何解决赔偿基数证明难的问题，二是如何规避因惩罚倍数放大效应导致的错伤风险。本案中,一方面,积极适用书证提出命令有效解决赔偿基数的事实认定问题;另一方面,充分肯定被告自身对获利的贡献,惩罚倍数判定时既全面衡量被告的主观过错和现有侵权情节,也评估巨大获利可能会带来的再次侵权风险。本案对司法解释列举之外的新型惩罚性因素进行了细致说理,对如何精细化适用惩罚性赔偿作出了良好示范,展现了人民法院对惩罚性赔偿的积极、审慎、细致的法律适用,体现了人民法院加大惩罚力度加强知识产权保护的决心。本案宣判后,取得了较好的社会效果。

经营者在销售推广产品过程中使用他人商业标识的合理范围的认定

——华为技术有限公司与被告暨奢服饰（上海）有限公司侵害商标权纠纷案*

北京盈科(上海)律师事务所　王　玮　徐　涛

所获荣誉

上海市高级人民法院“2022年上海法院加强知识产权保护力度十大典型案件”。

案情简介

原告华为技术有限公司(以下简称华为公司)拥有“华为”文字注册商标专用权,该商标在2002年被国家工商行政管理总局商标局认定为驰名商标,具有较高知名度。暨奢服饰(上海)有限公司(以下简称暨奢公司)是涉案天猫网络平台店铺“库巴洛旗舰店”的实际经营者。2022年10月,华为公司发现暨奢公司在其网店“库巴洛旗舰店”中所销售的智能手表产品标题首部设置关键词“华为”,并在宣传中使用“华为正品”等字样,使消费者搜索“华为”时能够展现出其销售的商品,易造成消费者的混淆、误认。经华为公司统计,暨奢公司网店中共有16款产品在标题首部使用“华为适用”“华为正品”“华为手机适用”“华为正品手机适用”等文字,销售金额达2300余

---

* 上海市金山区人民法院:(2022)沪0116民初11663号民事判决书。

万元至3700余万元。华为公司遂诉至上海市金山区人民法院，请求判令暨奢公司停止侵权，并赔偿经济损失及维权合理费用200万元。

办案策略及律师工作

本案属于较为新颖的商标侵权案件，一般被告均从该种使用方式为描述性使用进行抗辩，“华为手机适用儿童电话手表……”是适用于华为手机的功能性描述，从而不认为构成商标侵权，因此本案争议焦点在于暨奢公司在销售的产品标题首部突出使用“华为”字样是否构成商标侵权。为反驳被告的观点，本案代理人从以下几方面进行论证：

实践中，构成商标合理使用要符合下列条件：(1)使用行为是善意和合理的，并未将他人商标标识作为自己商品或服务的标识使用；(2)使用行为是必要的，仅是在说明或者描述自己经营的商品或服务等必要范围内使用；(3)使用行为不会使相关公众产生任何混淆和误认。

1. 暨奢公司对华为公司商标的使用难言善意。

根据天猫平台产品标题发布规范“天猫3C数码发布规范”，产品标题发布规范应当为“品牌+商品名称或型号、规格+其他信息”。暨奢公司在商品销售链接标题的首部突出使用“华为适用”“华为正品”“华为手机适用”“华为正品手机适用”等文字，且标题中未标识自己的品牌。这既不符合商品标题规范也不符合行业通用做法。暨奢公司在宣传中对“华为”文字商标大量使用，对自己商标品牌不予显示，试图使消费者相信所销售产品为华为正品，其攀附华为公司商誉与知名度的主观恶意明显，难以证明其行为属于对华为公司商标善意的正当使用。

2. 暨奢公司对华为公司商标的使用超出必要限度。

暨奢公司辩称，其对华为公司的商标属于描述性使用等正当使用类型。但是构成商标的正当使用，要求对他人商标的使用行为是必要的，仅是在说明或者描述自己经营的商品或服务的功能、特性等必要范围内使用。暨奢公司作为普通智能手表的销售者，没有证据证明其智能手表产品与华为公司的手机具有唯一适配性，不需要对“华为适用”这一功能突出展示。暨奢公司仅展示自己的品牌，商标、产品型号等产品的基础信息就足以达到向消费者展示、介绍自己商品的目的。本案中，暨奢公司不仅违反平台产品标题发布规范在标题中突出使用华为公司的“华为”文字商标、将“华为”设为后台搜索关键词，还在店铺宣传、产品销售图文中大量使用“华为正品”“华为适用”字样，已经远远超过了商标正当使用的必要限度。不属于暨奢公司所辩称的对华为公司“华为”文字商标正当使用的情况。

3. 暨奢公司对华为公司商标的使用造成了消费者混淆。

本案中，在商品销售标题中使用“华为”文字商标实际上发挥着商标的搜索识别作用。网售环境不同于传统市场交易，宝贝标题、产品图片是卖家所售产品最直观的展示。通常使用的描述关键词与产品的品牌、生产厂商等直接相关联，是消费者搜索、了解、认知商品或服务来源的最主要途径。当搜索结果页面出现该关键词时，网络用户一般会认为该关键词与搜索结果出现的商品或服务相关。在标题中突出使用该关键词更容易造成消费者对商品来源的混淆、误认。暨奢公司在后台设置“华为”关键词，在标题首部使用“华为”，其宣传图文中使用“华为正品”等字样，意在使消费者搜索“华为”时就能展现出其销售的商品，造成消费者对被告提供的商品来源的混淆。华为公司作为知名度较高的公司，被告暨奢公司的行为还易使消费者误认其与华为公司具有某种特定联系。

综上所述，暨奢公司对华为公司“华为”文字商标的使用不具有善意，超出了正当使用的合理必要限度，造成了消费者对商品来源的混淆和误认，不符合商标正当使用的构成要件，属于商标侵权行为。

最终一审法院认可代理人的观点，认定暨奢公司在商品销售链接标题首部使用“华为”文字商标构成商标侵权，且全额支持华为公司诉请 200 万元。本案判决作出后，双方均未上诉，取得了良好的社会效果。

裁判要旨及结果

在互联网环境下，商标使用的表现形式呈现多元化特征，如本案中出现的在自身产品的网络销售链接标题首部中使用与他人注册商标相同或近似文字的情形。网络用户在购物平台的搜索框中输入关键词的目的是寻找与关键词相关的信息，当搜索结果页面出现该关键词时，网络用户一般会认为该关键词与搜索结果出现的商品或服务相关。尤其在搜索结果的标题首部等显著位置出现该关键词时，会让这种关联性加强，让网络用户产生联想，认为该关键词与搜索结果的商品或服务存在特定联系，从而认为该网络销售链接涉及该关键词相同或近似商标所代表的商品或服务，即在此时，该网络销售链接标题首部出现的文字具备了识别商品或服务来源的功能。在这种使用方式下，将他人注册商标相同或近似文字作为自身产品网络销售链接标题的首部文字，使得网络用户产生联想，令自身商品或服务与文字指向的他人商标产生特定联系，该行为构成商标性使用。被告将“华为适用”“华为正品”“华为手机适用”“华为正品手机适用”等文字作为自身产品网络销售链接标题的首部使用，并在标题的显著位置予以凸显，其自身产品品牌却不予显示，标题中伴有“正品”词汇，容易导致网络用户产生混淆。被告对自身产品网络销售链接标题的取名方式既不符合天猫平台的产品标题发布规范，也不符合行业通用做法。被告的上述行为侵犯了原告所享有的“华为”商标的注册商标专用权。

综上所述，一审法院判令被告暨奢公司停止侵害原告华为公司的“华为”商标的注册商标专用权的行为，按照天猫平台产品标题发布规范及行业通用做法，修改自身产品网络销售链接的标题，并赔偿原告华为公司经济损失及维权合理费用 200 万元。一审判决后，双方当事人均未提起上诉，一审判决生效。

典型意义

本案涉及经营者在销售推广产品过程中使用他人商业标识的合理范围的认定问题。网络消费者在购物平台的搜索框中输入关键词的目的是寻找与关键词相关的信息，在搜索结果的标题首部等显著位置出现的关键词易让网络消费者认为该关键词与搜索结果的商品或服务存在特定联系，从而产生混淆，该网络销售链接标题首部出现的关键词具备识别商品或服务来源的功能，构成商标性使用。

本案针对网络环境中知识产权侵权的新情况、新类型作出了明确的法律认定严厉打击了情节严重的故意侵权行为，全额支持华为公司的诉请200万元，体现了上海法院切实强化知识产权保护，促进创新驱动发展决心。

恶意伪造他人授权及变造商标，应依法承担惩罚性赔偿责任

——华为技术有限公司与被告深圳市尚派科技有限公司、刘某某侵害商标权案*

北京盈科(上海)律师事务所　王　玮　徐　涛

所获荣誉

浙江省高级人民法院"2022年度浙江法院十大知识产权保护案件"；杭州市中级人民法院"杭州法院2022年度知识产权司法保护十大案例"。

案情简介

原告华为技术有限公司(以下简称华为公司)对第14203957号图形商标华为花瓣"图片"享有专用权，期限为2015年8月21日至2025年8月20日，核定使用商品类别为耳机等。华为公司对第16844938号文字商标"华为"享有专用权，期限为2017年10月14日至2027年10月13日，核定使用商品类别为照相器材架等。其中文字商标"华为"在2002年被国家工商行政管理总局商标局认定为驰名商标，具有较高知名度。华为公司还对于"华为"和"HUAWEI"享有在先商号权。深圳市尚派科技有限公司(以下简称尚派公司)为一人有限责任公司，刘某某为其唯一股东。

被告尚派公司在天猫平台经营尚派数码专营店，其经营过程中未经华

---

* 浙江省杭州市中级人民法院：(2021)浙01民初886号民事判决书。

为公司许可，在售卖的耳机、手机稳定器云台等商品的销售页面多次使用与第 14203957 号商标相同、与第 16844938 号商标近似的标识。同时，尚派公司对外宣称其经营的尚派数码专营店为“华为天猫授权店”，并以伪造的华为网络渠道销售授权书为辅助以来证明其“华为天猫授权店”的店铺身份。华为公司认为尚派公司的上述行为侵害其商标权，遂提起诉讼，请求法院判令尚派公司停止侵权，并提出适用惩罚性赔偿，主张被告尚派公司赔偿其经济损失及合理维权费用 500 万元，尚派公司唯一股东刘某某对上述赔偿承担连带责任。

办案策略及律师工作

本案属于较为复杂的商标权侵权案件，本案能否适用惩罚性赔偿以及适用惩罚性赔偿后如何计算赔偿金额是本案的难点，因此代理人从这两个角度进行攻克。

1. 代理人从尚派公司主观具有侵权恶意且侵权情节严重论证本案符合惩罚性赔偿的构成要件。

根据《最高人民法院关于审理侵害知识产权民事案件适用惩罚性赔偿的解释》第 2 条及第 3 条的规定，知识产权民事案件适用惩罚性赔偿需满足侵权故意和情节严重两个构成要件，因此代理律师也从这两方面进行了充分的论证。

首先，在侵权故意方面，代理律师从以下几方面进行了论证：

（1）代理律师对华为公司的“华为”文字商标及八瓣花图形商标的知名度进行了大量的举证，证明了华为公司通过持续使用和广泛宣传使上述商标在智能手机及其配套设施领域内获得了广泛的使用度和知名度，尚派公司作为销售数码产品的专业销售商，其销售的耳机、云台、数据线等产品与手机关系密切，应当知道华为公司的上述商标。

（2）代理律师对被告的网络侵权行为进行了充分且全面的保全，包括尚派公司在侵权链接中使用“华为”作为关键词、使用“华为云台”的表述、在商品图片中突出使用了变造的八瓣花标识以及虚假的华为公司授权书。被告的上述侵权行为能够证明尚派公司明知产品并非华为，但仍在商品销售页面中使用华为公司的商标，并对华为商标进行部分改动以及虚假授权书以营造产品与华为公司有关的假象，主观恶性明显。

其次，在情节严重方面，代理律师从以下几方面进行了论证：

（1）代理律师在案件办理过程中向法院申请调取了被告尚派公司所经营的天猫店铺"尚派数码专营店"中涉案侵权商品的销售数据，数据显示，涉案侵权商品自上架以来，累计销售成交20,639件，总计销售额9,173,730.64元，足以证明被告侵权规模及获利巨大；

（2）代理律师对尚派公司经营店铺中的侵权行为进行了长期多次的保全，证明被告实施侵权行为持续了11个月，并且通过网络平台将商品销往全国各地，侵权时间长、范围广、规模大；

（3）被告尚派公司除了使用与原告华为公司商标相同与近似的标识外，还在商品销售页面展示虚假授权书，进一步攀附华为公司的商誉，侵权行为性质更为恶劣。

综上所述，代理律师从主观故意和情节严重两方面对本案适用惩罚性赔偿的条件进行了充分的举证和论述，为惩罚性赔偿的主张最终得到支持提供了有力依据。

2. 代理人提供两种惩罚性赔偿计算方式供法庭参考。

一般而言，本案为电商环境下的商标侵权行为，电商平台商品的销售额都是有记载的，因此本案惩罚性赔偿的基数以被告的获利来确定最为简便且合理。因此本案代理人向法院申请调查本案涉案侵权产品的销售额。经调查数据统计，本案侵权产品累计销售成交20,639件，总计销售额9,173,730.64元。有了销售数据后，利润率的确定尤为关键。根据以往类案的经验，代理人在本案中提出了两种计算利润率的思路，一是按照尚派公司销售的云台的销售价格减去该商品在淘宝上的进货价所得的利润率36.77%；二是参照同类第三方公司智神公司的手机稳定器的毛利率计算，智神公司的手机稳定器毛利率为 2019 年 27.88%、2018 年 26.39%、2017 年 30.34%，参照 3 年平均所得来确定本案被告销售侵权产品的利润率。

最终法院认可第二种计算方式，以智神公司的手机稳定器 2017 年、2018 年、2019 年的平均毛利润率 28.20% 为标准，并酌定"华为"商标的贡献率为 80%，进一步计算出尚派公司的侵权所得额为 2,069,593.63 元。并支持了承办代理人主张的惩罚性赔偿计算方式，确定惩罚性赔偿的倍数为 2 倍，判定尚派公司其应向华为公司赔偿 6,208,780.90 元。由于该数额已经超出华为公司在本案中的诉讼主张，故法院对请求尚派公司赔偿 5,000,000 元的诉讼请求予以全额支持。

裁判要旨及结果

以侵权获利作为惩罚性赔偿基数的，可以采用"侵权产品销售总额 × 侵权产品利润率 × 权利商标对侵权获利的贡献率"的公式进行计算。在确定销售总额时，被告因刷单产生的虚增交易额明显违背诚实信用原则和合法经营理念，一般不予扣除；在确定侵权产品利润率时，在被告未提交反证证明原告主张的第三方利润率与其利润率存在明显差异的情况下，法院可参照第三方同类产品近 3 年的平均毛利率进行计算；在确定权利商标的贡献率时，应结合权利商标知名度与被告自有品牌知名度之间的"位差"合理确定，尽可能反映权利商标的市场价值。

最终，杭州市中级人民法院判决尚派公司停止侵害并赔偿经济损失 500 万元，刘某某对上述款项承担连带责任。一审宣判后，各方当事人均未提起上诉，判决已发生法律效力。

典型意义

法律及相关司法解释规定，对恶意侵犯商标专用权，情节严重的，可以按权利人实际损失、侵权人侵权获益或者商标许可费的 1 倍以上 5 倍以下确定赔偿数额。本案对故意侵害商标权且情节严重的行为依法适用惩罚性赔偿，在确定赔偿金额时对侵权销售额和利润率等事实进行准确查明认定，为同类型案件适用惩罚性赔偿提供了一定的指导。

华为公司享有商标专用权的"华为""图片"注册商标是其经过多年自主创新和诚信经营打造的无形资产，凝结着华为公司的商业信誉与市场价值。本案判决全额支持华为公司的惩罚性赔偿诉请，有效保护了企业知识产权，显著提高了侵权成本，有力打击了侵权故意明显且侵权情节严重的假冒商标、攀附商誉的行为，服务保障知识产权强国战略的实施。

地理标志正当使用的不侵权抗辩

——潮州市潮安区凤凰茶叶专业协会诉福建省安溪某茶叶生物科技有限公司、泉州某茶业有限公司侵害商标权纠纷案*

北京盈科（泉州）律师事务所　王南海　陈燕江

所获荣誉

泉州市中级人民法院“2022年度泉州法院知识产权司法保护典型案例”。

案情简介

潮州市潮安区凤凰茶叶专业协会（以下简称凤凰茶叶协会）系第5365101号“凤凰单枞”集体商标的注册人和管理机构。泉州某茶业有限公司（以下简称J公司）在“天猫”平台上开设的店铺中销售商品标题为“鸭屎香单枞茶鸭屎香茶凤凰单枞茶单丛茶浓香柠檬奶茶店袋装600g”商品。该商品单价为68元，月销量21件，总销量1000余件，商品详情中载明“品牌名称：青沁滋，系列：凤凰单枞，茶种类：凤凰单丛”等，宣传图片中显示商品的包装袋表面标有“凤凰单丛”“凤凰单枞”字样。凤凰茶叶协会认为J公司未经许可擅自销售、许诺销售涉案茶叶，且商品标题、展览的商品宣传图片及在侵权产品上所使用的标识均侵害涉案注册商标专用权，容易造成混淆，侵犯凤凰茶

* 德化县人民法院：(2022)闽0526民初1891号民事判决书。

叶协会的权利，J 公司茶叶来源于福建省安溪某茶叶生物科技有限公司(以下简称 Y 公司)，凤凰茶叶协会故将 J 公司与 Y 公司诉至德化县人民法院。

办案策略及律师工作

关于正当使用的抗辩思路。

1. 回归案涉标识与凤凰茶叶协会注册商标二者间的比对，本身二者明显不同，不会造成相关公众误认，不构成商标侵权。

(1)J 公司对“凤凰单枞”的使用仅是对产品种类的描述，并非商标性使用。

根据《商标法》第 59 条第 1 款之规定，结合本案中凤凰茶叶协会提交的证据材料可见，J 公司已在商品详情中，明确标注品牌系“青沁滋”，茶种类为“凤凰单枞”。另外，在涉案商品链接的商品标题处，J 公司将“凤凰单枞”与其他茶种类“鸭屎香、柠檬茶”并列使用，显而易见系将其作为商品种类的描述性使用。由此可见，案涉标识并非商标性使用，自然不可能构成商标侵权，凤凰茶叶协会不能妨碍他人正当描述性使用“凤凰单枞”。

(2)通过举证茶叶购买凭证体现产地来源，证明案涉产品符合使用地理标志条件，J 公司使用的“凤凰单丛”系正当使用地理名称“凤凰”，不构成注册商标侵权，凤凰茶叶协会无权禁止他人正当使用。

如前所述，《商标法》第 59 条第 1 款及《商标法实施条例》第 4 条第 2 款规定，“以地理标志作为证明商标注册的，其商品符合使用该地理标志条件的自然人、法人或者其他组织，可以要求使用该证明商标，控制该证明商标的组织应当允许。以地理标志作为集体商标注册的，其商品符合使用该地理标志条件的自然人、法人或者其他组织，可以要求参加以该地理标志作为集体商标注册的团体、协会或者其他组织，该团体、协会或者其他组织应当依据其章程接纳为会员；不要求参加以该地理标志作为集体商标注册的团体、协会或者其他组织的，也可以正当使用该地理标志，该团体、协会或者其他组织无权禁止”。本案中，J公司的涉案产品外包装袋背部标签已清楚地标明产品来料来自广东潮州，包装正面的“凤凰单丛”字样、网页标题“凤凰单丛”内容、网页宣传产品图片（和产品实物图片一致）均是指涉案产品原料来自广东潮州市潮安区凤凰镇，由于单枞指的是优秀的单株，是产品的通称，J公司只是正当、善意使用“凤凰”这个地名，并不构成侵权，凤凰茶叶协会亦无权禁止J公司正当使用。

（3）即便进行比对，案涉标识与凤凰茶叶协会注册商标完全不同，J公司不构成商标侵权。凤凰茶叶协会第5365101号注册商标系文字及拼音、图形的组合商标，包含“潮安县凤凰茶叶专业协会”、“凤凰单丛 FengHuang DanCong”、五片茶叶图形、“Chaoan Xian FengHuang Chaye Xiehui”、圆形等图案组成，构成该集体商标时以上所有要素缺一不可。而J公司在天猫销售平台开设的“青沁滋旗舰店”上涉案产品的网页标题、网页宣传产品图片及产品实物包装上均只有标注“凤凰单丛”文字，没有突出使用“凤凰单丛”字样，没有标注第5365101号图文商标，也没有上述“潮安县凤凰茶叶专业协会”、“FengHuang DanCong”、五片茶叶图形、“Chaoan Xian FengHuang Chaye Xiehui”、圆形条纹等图案的相关标注，和第5365101号注册商标存在明显不同，更没有使用凤凰茶叶协会的地理标志。J公司在天猫平台上展示的网页产品图片有些标注的是“凤凰单枞”，和第5365101号注册商标亦明显不一致，不会导致消费者混淆或误认。故J公司、Y公司所用的“凤凰单丛”“凤凰单枞”均不构成对凤凰茶叶协会注册商标的侵权。

（4）事实上，任何人对“凤凰单丛”文字在第30类中均不具有商标专用权，不可能单独取得注册，亦无权禁止他人使用。根据在国家知识产权局查询可知，第4542919号文字商标“凤凰单丛”（第30类）已处于无效状态。因此，任何人对“凤凰单丛”四个字在第30类中均不具有商标专用权，不存在侵权的客观可能。

2. 案涉产品销售有合法来源，J公司、Y公司并无侵权的主观故意，无需承担侵权赔偿责任。

(1)对于J公司而言,案涉产品系委托Y公司生产的产品;对于Y公司而言,产品系单一原料单丛茶叶。该原料单丛茶叶从广东潮州市潮安区凤凰镇茶农文某处购进,系茶农文某种植制作。凤凰茶叶协会的注册商标并非驰名商标或者著名商标,J公司和Y公司不清楚原告的商标注册情况,也仅将"凤凰单丛"作为商品种类的描述性使用。根据《商标法》第64条第2款的规定,J公司没有侵害凤凰茶叶协会商标专用权的故意,无需承担赔偿责任。对于Y公司而言,商品原料是凤凰镇茶农文某种植制作的,商品外包装是其在市面上购买的公版包装而后粘贴了厂家信息。同样没有商标侵权的主观故意,因此无需承担商标侵权赔偿责任。

(2)如前所述,首先,J公司、Y公司不存在商标侵权行为,无需承担赔偿责任;其次,J公司销售的产品系"青沁滋"品牌,消费者系购买该品牌的"凤凰单丛"种类茶叶,并不会与凤凰茶叶协会产品进行误认,而Y公司生产的案涉产品,系接受J公司委托生产相应数量的产品并无库存,因此J公司生产销售案涉商品的行为不会给凤凰茶叶协会造成影响;最后,天猫平台显示的相应链接的销量并非真实准确销量,该链接项下存在多款产品。涉案产品扣除进货、运费及运营成本,加上疫情影响,事实上是亏损状态,没有任何获利。因此,根据《商标法》第63条第1款之规定,凤凰茶叶协会主张10万元赔偿费用明显缺乏事实和法律依据。

3. 凤凰茶叶协会的诉讼行为将给正当使用者造成严重影响,其不当行为应得以制止。

最高人民法院关于"潼关肉夹馍"等地理标志维权问题回答记者提问时曾明确:有些商标包含地名,这些地名往往具有独特商业价值。根据《商标法》的规定,即便取得注册商标专用权,权利人亦无权禁止他人正当使用注册商标中包含的地名。他人正当使用注册商标中包含的地名,权利人向人民法院提起相关诉讼的,人民法院依法不予支持。该类新闻报道有人民网等大量媒体发布,法院均可查证。集体商标所有人不能因为他人未加入该集体组织,未缴纳管理费而提起诉讼强迫其加入,这是极不诚信不公平的行为。地名作为公共资源,不能被任何人垄断,不能因为被某个市场主体申请注册为商标后,导致无法正常使用,否则将不利于市场经济的公平竞争。

裁判要旨及结果

本案诉争商标为地理标志集体商标,J公司委托Y公司生产,并由其销售的茶叶与案涉商标核定使用的商品类别相同,二被告在商品实物及线上店铺的商品链接标题、宣传页面、商品详情中多处使用了“凤凰单枞”字样,足以起到识别商品来源的作用。在此基础上,考察J公司对“凤凰单枞”等文字的使用是否正当合理是本案判断二被告是否构成侵权的关键。

根据《商标法》第3条第2款、《商标法实施条例》第4条、《商标一般违法判断标准》(国知发保字〔2021〕34号)第26条“非集体成员生产的商品符合地理标志条件的,其可以正当使用该地理标志中的地名,但无权使用该作为地理标志注册的集体标识”的规定可知,地理标志集体商标是用以表明使用者在该组织中的成员资格标志,非集体成员无权使用集体商标标志,但其生产的商品符合地理标志条件的,可以正当使用该地理标志中的地名。

回归本案,J公司仅使用了“凤凰单枞”文字并未使用原告的集体商标标志,J公司和Y公司提交的销售清单及文某出具的《收据》《证明》等证据可相互引证,案涉产品来源于凤凰镇。因此,二被告对于“凤凰单枞”等文字系正当使用该地理标志中的地名,不构成商标侵权。据此,依照《商标法》第3条、第16条、第48条,《商标法实施条例》第4条等驳回原告的全部诉讼请求。

典型意义

近年来,地理标志商标成为商标侵权案件的热点及难点。从“青花椒”到“潼关肉夹馍”,司法实践中存在地理标志商标与地名(地名商标)以及地理标志商标与地理标志产品之间的权利冲突,如何正确适用现行法律的有关规定,既切实保护地理标志商标的相关权利，又不让地理标志这一公有领域资源为某一个体所独占损害相关权利人正当使用的权利，是平衡公私利益的需要，也是知识产权保护制度的精髓所在。“合理使用”的认定是本案的难点所在，加之本案属于社会影响力较大的案件，据被告陈述，原告就该地理标志起诉了上百名商家，而本案的裁判结果将会影响后续一系列的裁判方向。

本案中，被告提供的充分证据能够证明其商品或服务确实来源于地理标志特定区域，具备特定品质且未使用地理标志中的特有图案，不会导致相关公众对商品产生误认。因此，人民法院确认J公司、Y公司的涉案行为系对特定地名的正当使用，不构成商标侵权，本案对确定涉及地理标志的商标侵权案件的判断标准有一定参考意义。

保护商品化权还是试图扩大商业领域

——北京某科技有限公司与国家知识产权局、晋江某食品有限公司商标权无效宣告请求行政纠纷案*

北京盈科(泉州)律师事务所　王南海　陈　雯

所获荣誉

福建省律师协会“2022 年度福建律师知识产权案例”。

案情简介

北京某科技有限公司(以下简称科技公司)创造了一个卡通形象并将其命名为“猪小屁”,科技公司认为第三人晋江某食品有限公司(委托人)申请注册的“猪小屁”商标侵犯了该卡通形象的商品化权,向国家知识产权局申请第三人商标无效宣告,被国家知识产权局驳回后,科技公司向北京知识产权法院提起商标权无效宣告请求行政纠纷案,最终北京知识产权法院采纳了经办律师的代理意见,认定诉争商标并未构成对该卡通形象角色名称在先权益的侵害,驳回了科技公司全部诉讼请求。科技公司不服原审判决,向北京市高级人民法院提起上诉,北京市高级人民法院认为原审判决认定事实清楚、适用法律正确,审理程序合法,故判决驳回上诉,维持原判。

---

* 北京市高级人民法院:(2022)京行终 322 号行政判决书。

面对实力强劲的科技公司，经办律师着重向法院提交第三人诉争商标的使用证据，证明第三人合法正当地将涉案商标实际投入生产使用的事实，一审及二审法院最终均采纳经办律师的观点，认为：诉争商标与引证商标指定使用的商品/服务处于不同群组，诉争商标不构成近似商标。此外，在案证据尚不足以证明在诉争商标申请日前“猪小屁”作品名称及角色名称具有较高的知名度并能够与科技公司形成稳定对应关系，同时，“猪小屁”为日常生活中较常见的人物昵称或卡通形象名称，独创性不高，故一审、二审法院均认定诉争商标的申请注册未损害科技公司的在先权利，最终判决驳回科技公司一审、二审的诉讼请求。

办案策略及律师工作

本案的争议焦点主要在于诉争商标是否损害该卡通形象作品名称及角色名称享有的在先权益。

那么判断诉争商标是否损害该卡通形象作品名称及角色名称享有的在先权益则需要同时满足以下条件：(1)在诉争商标申请日前该作品角色名称具有较高知名度，能够与在先权利人形成稳定对应关系；(2)诉争商标申请人存在攀附该作品角色名称知名度的主观恶意；(3)诉争商标标志与该作品角色名称相同或者基本相同；(4)该作品角色名称有较强独特性；(5)诉争商标指定使用的商品属于该作品角色名称知名度所覆盖的范围，容易导致涉案作品相关公众误认为该商品来源与在先权利人具有特定商业联系。

经办律师以《北京市高级人民法院商标授权确权行政案件审理指南2019》16.20【“商品化权特定条件”的认定】为依据，在案件审理过程中主要做出以下工作及有效答辩：

1. 科技公司提交的证据多为动画作品的宣传资料，且均在第三人诉争商标申请日之后，经办律师主张，申请日之后的证据与本案无关，故科技公司并无证据证明涉案“猪小屁”作品名称及角色名称在诉争商标申请日前具有较高的知名度；

2. 向法院提交诉争商标大量使用证据，以证明第三人合法正当地将涉案商标实际投入生产使用的事实，第三人并无任何主观恶意，故其合法权益应得到合理保护，相反，科技公司试图制造纠纷，霸占市场；

3.“猪小屁”一词非科技公司独创、臆造而来，系日常生活中较为常见的人物昵称或卡通形象名称，独创性不高；

4.科技公司仅将该卡通形象授权玩具、手机壳等部分衍生品进行商业化使用，但诉争商标涉及的商品为第30类饼干等，故该卡通形象在第30类商品上并无任何知名度，不会造成公众混淆误认；

5.科技公司起初只将该卡通形象使用在动画片、计算机等领域上，但其如今为扩大商业版块，便忽略他人正当商标注册行为，企图以保护“商品化权益”之名来掩盖其通过恶意针对他人商标提出无效申请以达成在各个商业领域均由自己占据商标的不当目的，科技公司具有明显的损人利己的意图，其行为构成恶意扰乱商标市场的情形，已违反《反不正当竞争法》及诚实信用原则；

6.主张诉争商标与引证商标并存使用在非类似的商品及服务上，不会引起消费者对商品及服务来源产生混淆、误认。

裁判要旨及结果

裁判要旨：诉争商标与引证商标指定使用的商品/服务处于不同群组，诉争商标不构成近似商标。科技公司主张的与“猪小屁”作品相关的“商品化权”并非规范的法律术语，根据查明的事实，科技公司并无证据证明涉案“猪小屁”作品名称及角色名称在诉争商标申请日前具有较高的知名度并能够与科技公司形成稳定对应关系，同时，“猪小屁”为日常生活中较常见的人物昵称或卡通形象名称，独创性不高，因此，考虑以上因素，二审法院认定诉争商标的申请注册未损害科技公司的在先权利，最终判决驳回科技公司二审诉讼请求。

裁判结果：依照《行政诉讼法》第89条第1款第1项之规定，判决如下：驳回上诉，维持原判。

典型意义

本案为商标无效宣告请求人主张申请注册商标损害了其在先作品相关的商品化权，并主张诉争商标“以其他不正当手段取得注册”，法院在审查请求人的在先作品是否与其形成稳定的对应关系，以及在先作品的独特性、知名度后，认定诉争商标尚不构成损害在先作品的作品名称及角色名称权益，并认为诉争商标具有真实使用意图并实际投入商业使用，不构成“以其他不正当手段取得注册”的情形。本案的意义在于既指出“商品化权”并非规范的法律术语，但也明确了相应在先作品的名称及角色名称权益应该得到保护，并给出了具体判断规范，对同类案件有借鉴意义。本案代理律师面对实力强劲的科技公司，围绕诉争商标申请前在先作品的知名度进行抗辩，同时提供了第三人合法正当地将涉案商标实际投入使用的证据，有效证明了真实使用诉争商标的意图，使诉争商标得以维持，体现出较强的专业能力。

国内司法领域首例关于分案申请发明专利临时保护期使用费起算点争议

——深圳市施威德自动化科技有限公司诉中山市明特科自动化科技有限公司侵害发明专利权及发明专利权临时保护期使用费纠纷案*

北京市盈科(东莞)律师事务所　王伟麟

所获荣誉

广州知识产权法院“2022 年服务和保障科技创新十大典型案例”。

案情简介

原告是“一种用于散装扎带的自动分料机构”发明专利的专利权人。原告发现被告未经许可擅自生产、销售、许诺销售与涉案专利相同的产品，认为在发明专利临时保护期内，被告应当支付使用费而未支付；在发明专利授权公告后，被告构成专利侵权，故提起诉讼。

广州知识产权法院经审理查明，涉案专利权存在母案申请与分案申请的特殊情形，本案发明属于分案申请。原告主张分案申请临时保护期许可费支付期间为母案申请的专利申请公布日，即 2017 年至分案申请的授权公告日 2021 年，并主张支付前提要件是被诉技术方案同时落入分案申请专利

* 广州知识产权法院：(2021)粤 73 知民初 559 号。
最高人民法院：(2022)最高法知民终 2397 号。

2020 年申请公布时的保护范围与 2021 年公告授权时的保护范围。法院认定本案分案申请专利的临时保护期许可使用费应当从分案申请的专利申请公布日计算至分案申请的专利授权公告日,而非向前延伸至母案申请的专利申请公布日,并作出相应判决。

本案一审宣判后,被告向最高人民法院提起上诉,二审维持原判。

办案策略及律师工作

本案的核心关键在于本案专利权存在母案申请和分案申请的特殊情形,本案发明属于分案申请。原告主张分案申请临时保护期自母案申请日起算,而被告主张分案申请临时保护期自分案申请日起算。由于法无明文规定,双方在这一点发生分歧。

本案由于系该问题首次在国内司法领域出现,甚至在世界范围也较为罕见,因此具有典型意义。

原告援引国家知识产权局行政指导案例,认为分案发明专利的临时保护期应当自母案申请的申请公布日起算。具体而言,临时保护期的起算点应当参考国家知识产权局指导案例 4 号:分案发明专利的临时保护期应当自母案申请的申请公布日起算。这个行政指导案例对于划分专利权的临时保护期进行了明确界定,这不仅有效保障了知识产权所有者的权益,同时也没有导致其过度的扩展,成功实现了知识产权持有者与社会大众之间利益关系的良好调整,满足了“临时保护”机制创立的目标及理念。

在此基础上,原告请求法院直接依据最高人民法院规定的“双落入”规则,将被控侵权产品与分案申请文本、授权文本分别进行比对,如果被控侵权产品的技术方案确实同时落入分案申请文本的权利要求和授权文本的权利要求的保护范围,则作出应当支付临时保护期使用费的判决。为方便法院裁判,原告代理人进行了比对并作了整理和归纳。

1. 分案申请文本与授权文本权利要求书的比对:

(1)授权文本的独立权利要求的保护范围严格小于分案申请文本。

（2）授权文本全部权利要求所组成的保护范围也严格小于分案申请文本。

2. 母案申请文本与分案授权文本权利要求书的比对：

（1）授权文本的独立权利要求 1 的保护范围总体来说大于母案申请文本独立权利要求 1。

（2）授权文本的独立权利要求 1 的全部技术特征均来自母案申请文本的全部权利要求。

（3）授权文本的全部权利要求整体所组成的保护范围大于母案申请文本全部权利要求整体所组成的保护范围。

3. 母案申请文本与授权文本说明书的比对：

无异常。

裁判要旨及结果

广州知识产权法院认为：本案为国内司法领域首例关于分案申请发明专利临时保护期使用费起算点争议的民事案件。关于该起算点争议，广州知识产权法院不赞同国家知识产权局的意见，认为应当以分案申请日起算，并在判决书里作出了详细说理。

法院认为：

第一，《专利法》第 31 条规定，一件发明或者实用新型专利申请应当限于一项发明或者实用新型。属于一个总的发明构思的两项以上的发明或者实用新型，可以作为一件申请提出。《专利法实施细则》第 42 条①规定，一件专利申请包括两项以上发明、实用新型或者外观设计的，申请人可以提出分案申请；第 43 条②规定，分案申请可以保留原申请日，享有优先权的，可以保留优先权日，但是不得超出原申请记载的范围。根据上述规定，新的分案申请

① 现对应《专利法实施细则》（2023 年修订）第 48 条。

② 现对应《专利法实施细则》（2023 年修订）第 49 条。

专利是在母案申请专利已公开的专利权利要求、说明书及附图等申请文件的基础上,对已公开的上述母案申请文件进行重新组合布局并形成区别于母案申请的新权利要求。因此,母案申请与分案申请专利在发明构思上虽然可能具有一定的联系,权利要求中的部分技术特征也可能存在相同的情况,但从专利独立权利要求的完整技术方案,或者从独立权利要求和从属权利要求结合所请求保护的整体技术方案而言,母案申请与分案申请专利仍然属于两项独立的专利,否则分案申请不能获得专利授权。

例如本案中,将母案申请公布的权利要求、分案申请公布的权利要求以及分案申请公告授权的权利要求相对比,上述三份专利文本中独立权利要求1 的技术方案及保护范围均不一致,因此当母案申请的技术方案向社会公布时,并不意味着社会公众已当然能获知重新组合布局并形成的分案申请技术方案。

第二,根据前述《最高人民法院关于审理侵犯专利权纠纷案件应用法律若干问题的解释(二)》(2020 年修正)第 18 条第 2 款的规定,对于发明专利申请公布时保护范围与发明专利公告授权时专利权保护范围不一致的发明专利而言,发明申请人要求实施其发明的主体支付临时保护期许可费的前提要件是被诉技术方案均落入上述两种保护范围。假如按照国家知识产权局指导案例 4 号“河北省邯郸市知识产权局调解专利分案申请临时保护纠纷案”的案件要点将本案临时保护期许可费的起算点确定为母案申请的申请公布日 2017 年 8 月 29 日,那么就会出现三份保护范围不一致的专利权利要求,一是 2017 年 8 月 29 日申请公布的母案申请专利的权利要求,二是 2020 年 1 月 17 日申请公布的分案申请专利的权利要求,三是 2021 年 3 月 16 日授权公告的分案申请专利的权利要求,换言之存在保护范围的“三不同”;但是根据《最高人民法院关于审理侵犯专利权纠纷案件应用法律若干问题的解释(二)》(2020 年修正)第 18 条的规定,却只需要同时落入分案申请专利 2020 年 1 月 17 日申请公布时的保护范围与 2021 年 3 月 16 日公告授权时的保护范围则应支付临时保护期许可费，换言之为保护范围的“双落入”规则。很明显，前者的保护范围“三不同”与后者的保护范围“双落入”规则存在矛盾之处，关键原因正是临时保护期许可费的起算点确定为母案申请的申请公布日。

第三，《专利法》第13条规定，发明专利申请公布后，申请人可以要求实施其发明的单位或者个人支付适当的费用。该条法律规定的“发明专利申请”并没有区分一般的发明专利和分案申请的发明专利，因此应理解为适用于所有的发明专利，既然如此，根据该条所确定的发明专利临时保护期使用费应该确定为该发明专利的申请公布日，即在本案中应当是分案申请的公布日。若本案的临时保护期许可费的起算点确定为母案申请的专利申请公布日，不仅与《专利法》该条规定不符，也将令本案中分案申请的专利申请公布日失去法律意义。

综合以上几方面，法院认为，原告主张分案申请专利临时保护期使用费期间的起算日是母案申请的专利申请公布日2017年8月29日，该主张不能成立。分案申请发明专利临时保护期使用费期间应当自分案申请发明专利申请公布日计至分案申请发明专利公告授权日；至于母案申请发明专利申请公布日，只有在权利人主张救济的是母案申请发明专利临时保护期使用费而非分案申请发明专利临时保护期使用费时，才应从该日期起算。因此，本案中即使被告需要支付该使用费，分案申请发明专利的临时保护期应当是从分案申请的专利申请公布日2020年1月17日至公告授权日2021年3月16日。

典型意义

本案为国内司法领域首例关于分案申请专利临时保护期使用费起算点争议民事案件。

关于该起算点应以分案申请公布日为准，还是以母案申请公布日为准的问题，广州知识产权法院和国家知识产权局各有各的意见。

广州知识产权法院认为，首先，根据《专利法》第31条关于专利申请单一性的规定，母案申请与分案申请专利在发明构思上虽然可能具有一定的联系，权利要求中的部分技术特征也有可能存在相同的情况，但两者仍然属于两项独立的专利，因此当母案申请的技术方案向社会公布时，并不意味着社会公众已当然能获知分案申请的技术方案。其次，《专利法》第13条所述"发明专利"应包括分案申请的发明专利，其所述的"发明专利申请公布后"相应地应系指分案申请公布日。由于母案申请专利为独立的另外一个专利，以母案申请公布日为临时保护期许可费起算点，不仅与该条规定不符，也将令分案申请的专利申请公布日失去法律意义。最后，根据司法解释关于临时保护期许可使用费的规定，该许可费支付前提是被诉技术方案在该专利申请公布日和授权公告日的两个保护范围内"双落入"，而若以较早的公开日母案申请公布日作为临时保护期起算点增加了第三个保护范围，与该规定的"双落入"规则矛盾。据此，法院判决认定本案分案申请的临时保护期许可费应当从分案申请的专利申请公布日计算至分案申请的专利授权公告日。

但国家知识产权局认为，"临时保护"是申请人在其发明专利申请公布后专利权授予前因第三人实施其公开的发明所获得的一种救济措施，因而在确定临时保护的时间起点时，应当以申请人最早将其希望获得保护的发明内容向公众公开的日期为准。当一件专利申请存在多项发明创造时，根据《专利法》第31条的规定，申请人只能在该申请中保留其中一项发明创造，但申请人可以根据《专利法实施细则》第42条的规定对其他发明创造提出新的专利申请，并保留原申请日。这一新的专利申请即"分案申请"。分案申请请求保护的发明创造内容源自母案申请，并且在申请人向国家知识产权局提交母案申请时便表达了希望这些发明创造也能获得保护的意愿。同时，根据《专利法实施细则》第43条第1款的规定，分案申请的内容不得超出母案申请记载的范围，也就是分案申请不能新增发明创造的内容。由此可见，当母案申请向社会公众公布时，实际上也已经对分案申请中所期望获得保护的发明创造内容进行了披露。如果第三人通过母案申请的公布提早获知分案申请的发明内容并将其实施，此时也应就这一期间实施相关发明的行为向申请人支付适当的费用。分案申请可以在母案申请办理授权登记手续届满日前或母案申请被驳回、撤回、视为撤回前提出，而且当分案申请存在单一性缺陷时，申请人在该分案申请满足相关期限要求的条件下可以根据审查意见再次分案。因此，除了极特殊情况外，分案申请公开日晚于母案申请公开日，两者可能相差几个月甚至几年。如果不对申请人在该时期内的权利予以保护，造成“权利真空”，将会损害申请人的合法权益，也会在一定程度上打击申请人在提交发明专利申请时充分公开其发明内容的积极性。对实施该发明的单位或个人来说，虽然以母案申请和分案申请的公开日中较早的日期作为“临时保护期”的起算日可能会导致其需要支付更多费用，但是因提早获知相关发明内容而给予申请人合理补偿本身就是其应当履行的义务。综上可知，分案申请临时保护期从母案申请日起始的认定，既严格保护了权利人的合法权益，又不会造成权利的过度扩张，较好地平衡了权利人和社会公众之间的利益，符合“临时保护”制度设立的目的和精神。

由于原告未上诉，最高人民法院对于该问题也未给出明确答复便维持原判。目前尚不清楚最高人民法院的态度。

关于是否构成对地理标志证明商标侵权行为的认定

——舟山市水产流通与加工行业协会诉山东佛峪清泉农业开发有限公司侵害商标权及不正当竞争纠纷案*

北京盈科(杭州)律师事务所　钱　航

所获荣誉

舟山市中级人民法院“2022 年度舟山法院知识产权司法保护典型案例”。

案情简介

本案原告舟山市水产流通与加工行业协会(以下简称舟山水产协会)系“舟山带鱼”地理标志证明商标的注册人,并制定了《“舟山带鱼”证明商标使用管理规则》,对“舟山带鱼”证明商标的使用条件、使用申请程序、被许可使用者权利义务、管理等内容进行规定。

2020 年,舟山水产协会发现被告山东佛峪清泉农业开发有限公司(以下简称佛峪清泉公司)在天猫平台经营销售带鱼的网店(店铺名:鲜拔头筹旗舰店、渔游记旗舰店)。佛峪清泉公司未经舟山水产协会许可,擅自在上述网店相关商品的宣传销售中使用了“舟山带鱼”商标名称,且其明确表示所售产品产地为山东青岛。

舟山水产协会认为,佛峪清泉公司的上述行为不仅侵犯了其注册商标

---

* 舟山市中级人民法院:(2020)浙 09 民初 136 号民事判决书。

的专用权，还恶意抢占了原本应属于舟山水产协会和相关经营者的流量和交易机会，遂委托北京盈科（杭州）律师事务所钱航律师起诉至舟山市中级人民法院，要求佛峪清泉公司停止侵害注册商标专用权及不正当竞争行为，赔偿经济损失及维权费用共计20万元并承担本案诉讼费用。

办案策略及律师工作

在接到舟山水产协会委托后，北京盈科（杭州）律师事务所钱航律师团队进行了全面的调查，经律师团队多次讨论后认为，本案主要涉及地理标志证明商标的侵权纠纷，相较普通的商标侵权案件具有特殊性，主要体现在以下两个方面：一是地理标志证明商标并非为商标权人所垄断使用，如前文所述，地理标志证明商标有自己的使用管理规则，只要是符合相关规则的主体就可以使用地理标志证明商标，故对于侵权主体必须确认对方是否有相关资质、是否符合商标使用管理规则；二是地理标志证明商标本身指示的是某区域内具有较好品质的产品，商标往往存在显著性弱的特点，若相关主体能够证明其销售产品来自地理标识所指示的区域，则即使该主体不符合商标使用管理规则，也可能被认定为使用商标名称仅指示了产品的来源地，而非对该证明商标进行了商标性使用，故难以认定构成商标侵权行为。

基于上文所述地理标志证明商标的特殊性，我方律师在前期调查取证环节重点关注了佛峪清泉公司所经营网店的产品介绍页面，其在售的带鱼产品标题和介绍页面中使用了“舟山带鱼”名称，但商品详情中载明产地为山东青岛；此外在询问店铺客服后得知，其所销售的带鱼产品均来自山东青岛海域而非舟山海域，我方律师马上对上述内容进行了公证，作为本案关键性证据，并在整理好相关证据材料后向舟山市中级人民法院提起诉讼。

在庭审阶段，佛峪清泉公司辩称，其没有完整使用舟山水产协会的注册商标，只是将“舟山带鱼”名称作为搜索辅助词使用；其也没有利用“舟山带鱼”商标诱导或误导消费者，只是在描述商品信息，不构成侵权。我方律师对上述内容逐一进行了回应，首先其在店铺中使用的“舟山带鱼”名称与舟山水产协会注册商标的主要识别部分“舟山带鱼”完全一致，虽然注册商标还包含拼音和图形部分，但两者仍构成高度近似；其次佛峪清泉公司将“舟山带鱼”名称作为搜索辅助词使用，已构成将被诉侵权标识用于广告宣传等商业活动中，用于识别商品来源，属于商标性使用行为；此外佛峪清泉公司未能提供证据证明其销售的带鱼产品来自舟山海域，与其所述的事实不符，构成对商品基本情况的虚假描述，易使相关公众误认为其销售产品为舟山带鱼，对商品来源产生误认混淆；最后我方律师结合“舟山带鱼”商标的知名度及所获荣誉情况、佛峪清泉公司网店中涉案侵权产品的销售数量及用户评价等证据向法院阐述了佛峪清泉公司侵权行为的情节严重、主观侵权故意明显，给舟山水产协会造成了巨大损失。

我方律师团队将上述观点及相关证据整理成代理意见提交给了法院，最终我方代理意见被法院采纳，认定佛峪清泉公司的行为构成对舟山水产协会注册商标专用权的侵犯，法院支持了我方的诉讼请求。

裁判要旨及结果

舟山市中级人民法院认为：首先，关于是否构成商标侵权。根据《商标法》第57条第2项的规定，未经商标注册人的许可，在同一种商品上使用与其注册商标相同的商标，或者相近似的商标，容易导致混淆的，均属侵犯注册商标专用权的行为。本案中，佛峪清泉公司构成对舟山水产协会注册商标专用权的侵犯，具体可以从三方面认定：（1）佛峪清泉公司构成在同种商品“带鱼”上使用被诉侵权标识“舟山带鱼”；（2）被诉侵权标识“舟山带鱼”与涉案商标构成近似；（3）佛峪清泉公司的行为容易导致混淆，其在所售的冷冻带鱼商品标题中设置关键词“舟山带鱼”，不仅构成对商品基本情况的虚假描述，而且易使相关公众对商品的来源产生误认，导致混淆。佛峪清泉公司辩称未整体使用舟山水产协会注册商标不构成侵权的理由不能成立，其上述行为构成在同种商品上使用与舟山水产协会注册商标近似的商标并容易导致混淆，系对注册商标专用权的侵犯，应依法承担相应的民事责任。

其次，关于法律责任的承担。法院认为：佛峪清泉公司的行为侵犯了舟山水产协会的注册商标专用权，应依法承担停止侵害、赔偿损失的法律责任，但由于双方均确认被诉侵权的商品链接已被断开，故对于停止侵权的诉讼请求不再进行裁判。关于赔偿损失的数额，法院依据三方面的因素进行考虑：(1)舟山水产协会的"舟山带鱼"商标在国内外均具有较高的知名度和美誉度，市场价值较高；(2)佛峪清泉公司将"舟山带鱼"设置为商品关键词，明显具有"搭便车""傍名牌"的主观故意；(3)佛峪清泉公司侵权行为的情节和后果，其经营的两家网店均有商标侵权行为，且侵权销量及销售数额较大，买家评论有部分差评，对舟山带鱼品牌声誉产生负面影响。综合考虑上述情节，最终舟山市中级人民法院一审判决佛峪清泉公司赔偿舟山水产协会经济损失（含制止侵权合理支出）10 万元。

上述判决作出后，佛峪清泉公司向浙江省高级人民法院提起上诉，后续又申请撤回了上诉。

典型意义

本案系舟山市中级人民法院受理的首例涉"舟山带鱼"地理标志商标侵权纠纷判决案件，10 万元判赔数额体现了与地理标志商标市场价值相匹配的司法保护强度，有效打击仿冒侵权行为，净化海水产品市场环境，确保舟山海洋资源优势转化为品牌竞争效能。①

① 以上"典型意义"部分的内容，来自微信公众号"舟山法院"在 2022 年 4 月 26 日发布的文章《|知产宣传周|舟山中院召开全市法院知识产权司法保护新闻通报会》。

品牌店铺如何应对店铺装潢遭同业竞争者“山寨”模仿

——广州太二餐饮连锁有限公司与鱼哩酸菜鱼餐厅侵害商标权纠纷案*

北京盈科(宜昌)律师事务所　向海龙　陈　末

所获荣誉

入选宜昌市中级人民法院2023年4月公布的“知识产权司法保护十大典型案例”。

案情简介

2016年1月25日,广州太二餐饮连锁有限公司(以下简称太二餐饮公司)成立,经营范围为餐饮管理、冷热饮品制售、中餐服务、预包装食品零售、酒类零售、熟食零售、肉制品零售、非酒精饮料及茶叶零售等,系“太二”系列美术作品著作权人以及第19085964号注册商标权利人。其中,第19085964号注册商标的申请日期为2016年2月4日,核定服务项目为第43类的住所代理(旅馆、供膳寄宿处);自助餐厅;提供野营场地设施;餐厅;寄宿处;快餐馆;食物雕刻;流动饮食供应;茶馆;酒吧服务。太二餐饮公司自2016年1月25日经营“太二酸菜鱼”品牌至今,现有170多家门店,在酸菜鱼经营市场占据较大的市场份额。

---

* 宜昌市中级人民法院:(2022)鄂05知民初89号民事判决书。

2018 年 9 月 18 日，宜昌市伍家岗区鱼哩酸菜鱼餐厅（以下简称鱼哩餐厅）注册设立，系个体工商户，经营者为尹某，经营范围为餐饮服务。

2021 年 5 月 10 日，太二餐饮公司的工作人员来到鱼哩餐厅经营的门店，发现该门店在外墙上使用的图案与某二餐饮公司第 19085964 号商标颜色、背景线条、整体风格基本一致，在其经营活动中大量使用太二餐饮公司的“太二”系列美术作品用于装饰画，且与太二餐饮公司店铺内的装饰画形状相同，均为黑色线条版画风格，画面构图由图案和文字组成，图案内容均为建筑物和人物，同时鱼哩餐厅使用的菜单、餐桌立牌、纸巾的图案内容均与太二餐饮公司上述物品形成的店铺总体装潢效果基本一致。

太二餐饮公司认为，鱼哩餐厅与其注册商标核定使用服务范围类别相同，未经许可擅自使用与太二餐饮公司“太二”系列美术作品实质性近似的图案，侵犯了太二餐饮公司的美术作品著作权，鱼哩餐厅擅自使用与太二餐饮公司第 19085964 号注册商标近似的图案，使用与太二餐饮公司店铺近似的装潢，足以让一般消费者对服务来源产生混淆，侵犯了太二餐饮公司的注册商标专用权，构成不正当竞争，遂委托勤思团队律师代理诉讼、投诉以制止侵权并索赔。

办案策略及律师工作

上述纠纷发生后，盈科宜昌律师团队接受本案当事人太二餐饮公司（原告）的委托介入处理，经过律师团队对案件材料和相关法律规定综合分析认为，应对策略如下：

（一）司法诉讼层面

1. 证明原告系“太二”系列美术作品著作权人，系第 19085964 号商标的权利人。

首先，国作登字 – 2017 – F – 00453045 号“太二老板太二”、国作登字 – 2017 – F – 00453046 号“太二腌酸菜”、国作登字 – 2017 – F – 00453049 号“太二杀鱼男人”、国作登字 – 2017 – F – 00453051 号“太二捕鱼”美术作品于 2015 年 6 月 5 日完成创作，于 2015 年 7 月 17 日首次发表；国作登字 – 2017 – F – 00453048 号“太二四人难接待”美术作品于 2016 年 8 月 16 日完成创作，

2016年8月27日首次发表。上述美术作品的作者及著作权人均为原告,经中国版权保护中心审核,予以作品登记。

其次,第19085964号商标于2016年2月4日申请注册,2017年3月14日经核准注册,商标核定使用在第43类:住所代理(旅馆、供膳寄宿处);自助餐厅;提供野营场地设施;餐厅;寄宿处;快餐馆;食物雕刻;流动饮食供应;茶馆;酒吧服务上。注册有效期自2017年3月14日至2027年3月13日。2017年10月6日,该商标经国家工商行政管理总局商标局核准被转让给太二餐饮公司。

2. 证明“太二酸菜鱼”品牌在国内拥有极高的知名度和美誉度。

首先,原告自2016年1月25日经营“太二酸菜鱼”品牌至今,现有170多家门店,在酸菜鱼经营市场占据较大的市场份额,在宣传和经营中一直打造“版画风+黑白极简”的潮牌形象,经营场所以漫画风格呈现,对经营场所的店铺装饰装潢、店面标识设计、营业用具的式样、菜单、宣传单、工作人员的服装以及经营的菜品等进行了专门的设计和使用,同时设定了“店长说”等独特的就餐风格,具有区别同类商品和服务来源的作用。

其次,经过多年的经营和推广,原告及其太二品牌屡获殊荣:2017年获得2017中国零售业最喜爱的新锐品牌“新锐品牌奖”(太二酸菜鱼);2018年先后获得2018年度中国餐饮品牌力百强品牌、2018年度广东连锁50强、2018年度食尚风云榜——深圳百万市民最喜爱的风尚餐饮名店(太二酸菜鱼)、2018年度中国餐饮最具创新力TOP100最佳营销创新奖、2018年度CCFA金百合连锁品牌最具人气奖(太二酸菜鱼)、粤商40年盛典——2018年度华南地区最佳品牌经营创新(太二酸菜鱼)、华标奖——2018年度十佳连锁经营企业、华标奖——2018年度百强门店(太二酸菜鱼);2019年先后获得2019年度中国酸菜鱼十大品牌、建国70周年广东餐饮业卓越品牌、2019年度中国餐饮营销力峰会年度十大品牌、2019年度CCEA连锁餐饮创新奖(太二酸菜鱼)、2019年度最佳人气形象奖(太二酸菜鱼)、2019年度亿欧中国餐饮产业创新力20强连锁餐饮创新品牌。

3. 证明被告侵犯了原告“太二”系列美术作品著作权、第19085964号注册商标专用权，构成不正当竞争，具有严重的主观恶性。

首先，被告未经原告许可，在其经营活动中大量使用原告美术作品用于装饰画，且与原告店铺内的装饰画形状相同，均为黑色线条版画风格，画面构图由图案和文字组成，图案内容均为建筑物和人物，同时侵权人使用的菜单、餐桌立牌、纸巾的图案内容均与投诉人上述物品形成的店铺总体装潢效果基本一致，侵犯了原告的美术作品著作权。

其次，被告经营范围与原告注册商标核定使用服务范围类别相同，在其店铺外墙上使用的图案与原告第19085964号商标颜色、背景线条、整体风格基本一致，加之被告与原告均从事酸菜鱼餐饮服务，两者构成近似，足以使相关公众对服务的来源产生混淆和误认，侵犯了原告的注册商标专用权，构成不正当竞争。

最后，被告住所地位于某区万达市内步行街，侵权面积广，人流量大，自2018年以来至今已实施侵权、违法行为长达3年，对原告造成了严重的损害，被告也因此产生了大量的侵权获利。另外，原告调查发现被告的前述侵权行为以后，已及时书面向被告发送函件，被告的侵权违法行为一直在持续，据此可见，被告的侵权行为存在明显的主观恶意，综上，被告应对原告给予较大数额的赔偿。

（二）行政投诉层面

权利人太二餐饮公司向侵权人鱼哩餐厅所在地市场监督管理局投诉举报上述侵权行为，请求对其实施行政查处。鉴于侵权人未经许可擅自使用了举报人的注册商标，在经营中实施了混淆行为，并因此获得丰厚的非法利益，严重损害了举报人利益并破坏了市场秩序，违反了《商标法》第57条、《反不正当竞争法》第6条的相关规定，特请求该区市场监督管理局行政查处。

裁判要旨及结果

宜昌市中级人民法院经审理认为,(1)鱼哩酸菜鱼餐厅使用的图案与太二公司主张的商标图案风格均为黑白版画,虽然背景基本一致,但是画面中人物的服饰造型、表情动作上存在差异,太二公司商标图案为“持刀杀鱼的中年男子”,鱼哩酸菜鱼餐厅使用的图案为“抬胳膊竖拇指称赞的平头男孩”,太二公司图案桌上物品为“菜刀和鱼”,鱼哩酸菜鱼餐厅图案桌上物品为“鱼和酸菜坛”,两种图案之间的形式相近似,但所表现出的内容具有显著区别,难以得出会引起消费者对商标产生混淆和误认的结论。因此,不应认定侵犯注册商标专用权。(2)鱼哩酸菜鱼餐厅在其经营的店铺内使用的图片“排除一切困难　寻找生猛好鱼”与太二公司“太二捕鱼”美术作品图案高度近似;鱼哩酸菜鱼餐厅使用的图片“专心致志做产品　稀里糊涂忘开门”“风味不怕巷井深　无名小店路边寻”与太二公司“太二老板太二”美术作品图案完全相同;鱼哩酸菜鱼餐厅使用的图片“老板规矩不可坏　四人以上难接待”与太二公司“太二四人难接待”美术作品图案完全相同;鱼哩酸菜鱼餐厅使用的图片“自家腌制酸菜　时刻做好准备”与太二公司“太二腌酸菜”美术作品图案高度近似。故鱼哩酸菜鱼餐厅侵犯了太二公司著作权。(3)“太二酸菜鱼”品牌在全国同类行业中有较高的市场占有率,具备社会认可度及知名度,已经为相关公众所知悉。鱼哩酸菜鱼餐厅经营的店铺内、外装修设计风格,在墙面、桌面立牌、菜单等处所使用的图案文字,与太二公司店铺的视觉效果基本相同或近似,足以造成公众混淆或误认与太二公司之间具有特定联系,构成不正当竞争行为。

综上所述,鱼哩酸菜鱼餐厅因侵犯太二公司著作权,且构成不正当竞争,应承担相应民事责任,遂判决鱼哩酸菜鱼餐厅向太二公司赔偿经济损失及合理开支50,000元。双方当事人均未提起上诉,该判决已发生法律效力。

典型意义

同业经营者使用的图案与他人已注册商标图案之间的形式相近似，该近似是否会引起消费者对商标产生混淆和误认，构成侵犯他人注册商标权。本案对此给予了解答。

经营店铺内使用他人享有著作权的美术作品，构成侵犯著作权；店铺装饰、装潢、产品包装图案、文案与他人经营店铺装饰风格相似，且未经许可使用他人店铺独特品牌形象，足以造成公众混淆或误认，构成不正当竞争。本案较好地划定了同业经营者之间著作权保护与创作自由、公平竞争与不正当竞争的边界，对餐饮行业有序发展具有较强指导意义。

具体到本案中，鱼哩餐厅使用与原告系列美术作品高度近似的图案导致侵犯原告著作权行为的发生，并为该行为付出了惨痛的代价，根据本案的处理过程，著作权人应当如何保护美术作品的著作权？这也正是本案的意义所在。

在司法实践中，美术作品的侵权往往产生于网络平台上，特别是电商平台之中。众多商家在未经著作权人许可的情况下，私自将美术作品用于其商品上，产生了侵权行为。那么对于著作权人应该怎样去保护自己的权利，有以下几点建议：第一，需要保存好创作时的记录。包括创作时的底稿、创作的过程，有条件的可以对其进行一个公证，便于日后维权对于创作时间及著作权人的确认。第二，留存其首次发表时的记录。一般侵权行为都会发生在其作品发表之后，首次发表的时间将会是维权的一大证据。第三，需及时在版权登记机关进行登记，确认其权属。虽然我国《著作权法》规定我国著作权的取得是以创作时间来确定，但是作品的登记是尤为重要的，版权登记证书会使得日后的维权更为便捷。第四，当遇到侵权行为出现时，首先应该固定证据，可以对该侵权行为进行公证。如果在电商平台可以向平台投诉，令其下架商品。当然也可以选择通过诉讼方式进行维权。①

---

① 以上“典型意义”部分的内容，来自微信公众号“宜昌市中级人民法院”在2023年4月24日发布的文章《宜昌法院发布知识产权保护十大典型案例》。

平行进口商品商标侵权案件的抗辩难点及法律适用问题

——百威啤酒平行进口商标侵权二审逆转案*

北京市盈科(广州)律师事务所　唐向阳　范晓倩

所获荣誉

广州市律师协会“2021 年度业务成果奖”;广州市律师协会“2021 年度岭南知识产权诉讼优秀案例”。

案情简介

原告百威投资(中国)有限公司(以下简称百威公司)经德国弗兰齐丝卡纳公司(Spaten-Franziskaner Braeu GmbH)的授权,获得第 G1241072 号、第 G807592 号“Franziskaner”等多件商标(以下简称涉案商标)在中国市场使用及维权等权利。同时,百威公司向海关申请知识产权保护备案。2019 年 1 月,广东海珠海关应百威公司申请,扣留一批由委托方广州市东方科苑进出口有限公司(以下简称东方科苑公司)申报进口的“Franziskaner”教士小麦啤酒 8640 箱。百威公司认为该批啤酒涉嫌侵犯自己就涉案商标享有的注册商标专用权,于是将东方科苑公司起诉至广州市越秀区人民法院。

虽然委托方在一审期间提交了涉案啤酒的合法来源证据,但越秀区人民法院经审理认定委托方进口的产品不构成“平行进口”,不属于合法产品,

* 广州知识产权法院:(2020)粤 73 民终 1944 号民事判决书。

构成对百威公司的侵权，并需要销毁进口产品及赔偿经济损失（包括仓储费、运输费等）。

一审败诉后，委托方不仅面临承担销毁所有进口产品的侵权责任及赔偿责任，而且其自身所有的进口贸易均将面临侵权被叫停的风险。大量进口的货物面临违约退回的风险，企业也面临生死关头。

办案策略及律师工作

本律师团队接受委托后，经过对一审程序所有证据材料的分析，本律师团队分析二审诉讼策略如下：

1. 挖掘一审事实查明错误或遗漏部分，完善公证认证转递及翻译手续。

二审案件，需要充分围绕一审判决查明事实和适用法律展开。律师团队在接受委托后，详细研究一审判决，挖掘出一审判决对于委托方一审提交之《原产地证书》中英文翻译件的错误查明。委托方一审提交的国际商会 ICC 的《原产地证书》及其公证翻译件，记载了 3. 原产地“EUROPEAN UNION（GERMANY）欧盟（德国）”、5. 备注记载为“OKN－PO049－18”。

因套印排版问题，《原产地证书》英文原件相关信息在印刷时均存在位置下移的现象，中文翻译件也随之出现位置下移的现象。一审判决错误认定《原产地证书》显示原产地一栏记载为空白、备注为欧盟（德国），也遗漏查明备注记载为 OKN－PO049－18 系合同编号，错误查明证据链条的完整性。

二审期间，律师团队首先协助委托方对《原产地证书》进行了再次的公证认证转递手续和翻译，将该套印排版的问题充分说明，也进一步加强了该份证据与其他合法来源证据的关联性。

2. 梳理合法来源证据、挖掘证据之间的相互对应性、强化证据链的完整性。

二审期间，律师团队撰写《民事上诉状补充事实与理由》《有关涉案啤酒的合法来源的说明》《民事代理词》等超过 30 页的法律意见，详细阐述了涉案啤酒从比利时到新加坡再到中国的销售路径，梳理进口协议、销售合同、税务发票、装箱单、新加坡中华总商会原产地证明、比利时王国食物安全局原产地证明、进口报关单、合法经销商授权文件等材料,挖掘证据之间在时间、数量、规格、价值、编号、集装箱封条、发货港、卸货港、原产地等方面的相互对应下,强化证据链的完整性,以充分证明涉案啤酒为平行进口的正品产品,而非假货。

从可视化的角度,律师团队绘制合法来源的线路图,以便合议庭更好理解。

3. 充分挖掘上市公司公告信息,梳理百威集团旗下多个主体的高度关联关系,加强合法来源证据及合法正品的高度盖然性。

为了充分证明涉案产品具备合法来源,律师团队充分梳理了百威集团旗下多个主体的高度关联关系。因大部分企业属于国外,证据搜索存在一定的困难。

律师团队充分挖掘第三方企业上市公司公告信息,并检索百威集团旗下各地区的官方网站,查明百威啤酒集团旗下(包括本案原告、商标权人、涉案啤酒的发货商、出口商等)多个主体的高度关联关系,充分展示了百威啤酒集团的并购过程。以此证明,本案原告百威公司、Inbev BEIGUIM(涉案啤酒产品出口商)、Anheuser-Bush InBev SA/NV(涉案啤酒产品发货方)、Anheuser-Busch Inbev China Pte Ltd.(出具合法授权文件)、Spaten-Franziskaner Braeu Gmbh(商标权人)均隶属百威英博集团(Anheuser-Bush InBev SA/NV),为百威英博集团控股之子公司。各主体间存在高度关联性。根据证据高度盖然性理论,足以证明涉案啤酒系由商标权人生产制造、由百威英博集团及其控股子公司销售、出口的合法正品。

4. 反向推理,提交参考判例,将举证责任推向本案原告。

为了充分证明涉案啤酒产品为正品产品,律师团队反向推理出发,从百威公司的证据及其鉴定权出发,将举证责任推向本案原告。

百威公司一味地要求委托方对获得商标权人授权的主张,明显不合理地超出委托方作为进口商的现实举证能力。

委托方提交了涉案啤酒产品的大量合法来源证据，上述证据形式合法，相关名称、数量、价格、进口时间、合同编号、生产商、出口商等信息相互印证，形成完整证据链，足以证明涉案啤酒产品合法来源于涉案品牌的授权经销商，进口流程清晰、手续齐全，符合一般市场交易习惯，足以证明涉案啤酒产品为正品。

鉴于此，百威公司虽然有所质疑，但未能提交任何有效证据予以反驳。根据广州知识产权法院（2019）粤73民终6944号案件民事判决书第27～28页的相关说理，对于平行进口的国内进口商而言，百威公司一味要求委托方对获得商标权人授权的主张明显超出委托方作为进口商的现实举证能力。

5. 法理之辩：平行进口是否构成商标侵权。

为了论述平行进口不构成侵权，律师团队分别从以下角度进行展开论述：

其一，从商标的保障功能角度来看，涉案啤酒产品系来源于商标权人不同销售渠道的正品产品，外包装及商标标识清晰完整，委托方并未改动产品的性状和与之附着的商标标识和包装，并未附加任何其他标识，并未进行分拆、变造、破坏，并未损毁、遮盖涉案产品本身所附带的商标标识，并未割裂涉案商标与商标权人的唯一对应关系。无论是消费者还是任何第三方，均可清晰识别产品来源于商标权人，涉案商标识别功能正常发挥。由此可见，涉案啤酒产品并未损害商标识别性的基本功能，依法不构成商标侵权。

其二，从商标权权利用尽角度来看，广州知识产权法院（2019）粤73民终6944号民事判决书意见："商标禁用权是为了保护标识与商品来源的对应性，而非为商标权人垄断商品流通环节所创设。商标权利用尽规则应当是市场自由竞争所必需的基础规则之一。无论是经济政策还是法律规定，均应维护市场竞争政策所追求的公平、自由的竞争秩序，尽量避免商标权利成为追求垄断的权利基础。"涉案啤酒产品为正品产品，涉案商标由商标权人首先使用并将涉案啤酒产品投放市场，其在商品首次投放市场的过程中已经获得与其商标权相对应的回报,无权阻止他人进行合法的二次销售,认定本案中委托方为平行进口行为契合我国对外开放的基本国策,有利于促进贸易合作。同时,目前百威公司没有证据显示商标权人明示禁止其涉案啤酒产品进行进出口贸易。

其三,从百威公司获得商标授权角度来看,百威公司仅为涉案商标在中国大陆地区的普通许可的被许可人,根据百威公司和商标权人的商标许可协议约定,百威公司仅有权在中国大陆地区使用涉案商标。涉案产品从比利时出口至新加坡再出口至中国,涉案产品的商标使用行为系商标权人或百威英博集团及其控股企业在比利时、新加坡的商标使用行为,百威公司无权禁止。

其四,我国与新加坡均没有对于涉案产品进出口限制。从国家公共政策看,委托方通过正常的交易行为进口了涉案啤酒产品,履行了正常的进口报关手续,并未违反我国公共政策和法律禁止性规定,亦未侵害消费者的合法权益,不应受到司法否定性评价。

综上所述,涉案啤酒产品不构成对涉案注册商标专用权的侵犯,亦不构成对百威公司普通许可使用权的侵犯。

裁判要旨及结果

广州知识产权法院从以下几个方面阐述本案是否构成商标侵权:

1. 被诉侵权商品是否属于平行进口的正品。

法院在判决书中写道,商标平行进口是否构成侵权是司法裁判的核心争议,这已成为知识产权平行进口最为复杂的问题。被诉侵权商品是否属于平行进口的正品,其与商标权人授权销售的商品是否存在实质性差异,以及被诉侵权商品与授权商品是否属于由同一主体实质控制成为争议焦点问题,法院围绕上述焦点问题进行评述,对平行进口商品的法律属性进行全面阐释。

法院认为,商标平行进口是指由商标权人在境外生产或销售的合法贴附商标的商品,未经商标权人或者其被许可人的同意,通过海关进口到本国境内或者进行销售的跨境贸易方式。商标平行进口的实质在于平行进口商在国外合法购买贴附商标权人商标的授权产品，未经国内商标权人或者被许可人同意将产品通过海关进口或者进行销售。

一般而言，商标平行进口具有以下构成要件：(1)权利人对商品上贴附的商标在出口国与进口国均享有合法的权利。跨国公司基于商业利益安排在全球不同国家进行商业布局，对同一商业标识在不同国家注册为商标从而在不同国家对其享有单独商标权。平行进口商品是由商标权人在出口国享有使用商标进行生产的合法权利，并由权利人自己或者授权他人进行市场合法销售的商品。(2)平行进口商品为贴附商标的正品而非假冒品。平行进口商品是权利人在出口国自己或者授权他人贴附商标并投入市场的正品，而非进口到境内的假冒商品。(3)出口国与进口国的商标权人实质性归属于同一权利人。出口国的商标权人与进口国的商标权人为同一人，或者两者之间存在管理上、经济上的控制关系，虽然从形式上看可能存在法律上的独立关系，但实质上属于同一人的情形。特别是进口国商标权人是出口国商标权人的子公司、分公司或者两者属于同一主体的情形。(4)未经商标权人同意。进口商未经权利人同意或者授权进行平行进口或者在国内进行销售。(5)平行进口商品履行正常合法的海关监管手续进入国内。进口商在境外市场合法购买并履行进口国海关合法进口法律手续并依法缴纳关税，符合海关对进口商品的法律监管。概言之，授权商品与未授权商品进口到中国境内进行销售从而形成两个商标销售体系，其中进口商未经权利人许可进口正品是其本质特征。

本案中，生产商、出口商、发货商作为百威英博集团所控股的子公司，其通过分工合作方式将被诉侵权商品出口到新加坡的授权经销商。被诉侵权商品的生产、销售、出口的流程即由商标权人 SPATEN－FRANZISKANER－BRAU GMBH 在德国生产，后经由百威英博集团 100% 控股的子公司 Anheuser-Busch InBev NV/SA 对外进行销售给新加坡的 OKUNI TRADING。

产品的制造者与销售者均为百威英博集团的关联公司,发货者为 Anheuser-Busch InBev NV/SA 股份有限公司,属于百威英博集团100%控股的子公司。百威英博中国有限公司(Anheuser-Busch InBev China Pte Ltd.)属于百威英博集团100%控股的关联公司,出具一份《范佳乐教士啤酒正式进口商和净销售信件》,证明 OKUNI TRADING 是范佳乐教士啤酒品牌的正式和授权进口商兼经销商,后被诉侵权商品通过新加坡的授权销售商合法销售给东方科苑公司。虽然百威公司主张销售商 Anheuser-Busch InBev NV/SA 与发货商 Anheuser-Busch InBev NV/SA 未经授权,但百威英博集团进行品牌管理,其对全球子公司具有管理控制能力,根据经营需要安排子公司从事相应业务是经营常态,并不需要相互之间出具特别的授权书。根据本案查明的事实,制造商、销售商、进口商之间流转的销售合同、代理合同、货物清单、运输单证、比利时政府主管部门的文件、商会原产地证明、海运单、产品编码、合同编号单证、一审法院调取的海关资料均能够单单对应,相互印证被诉侵权商品属于平行进口的正品。百威公司主张被诉侵权商品不是平行进口的正品,理据不足,法院依法不予支持。东方科苑公司在一审过程中对被诉侵权商品由制造商生产,由销售商进行销售并经比利时的政府职能部门以及国际商会认证的证据材料因未履行公证认证手续,其在二审中予以补强,导致一审法院对被诉侵权商品属于平行进口的正品这一事实认定存在部分错误,法院依法予以纠正。

百威英博集团属于大型跨国集团的啤酒公司,其旗下存在数家子公司分布全球各地,作为跨国公司实行集团管理下的商业分工,并且通过包括中国、德国、比利时、新加坡的子公司进行全球经营,由控股总公司对子公司的全球商业战略进行安排,符合全球化背景下跨国公司的战略选择。公司的品牌则由集团公司根据商业需要配置相应的子公司进行使用,但统一管理控制权则由百威英博集团集中掌控并统一安排,百威英博集团的公司网站以及对外投资股权控制说明、全球子公司的股东以及股权结构、公司对全球品牌以及地区品牌的资源配置、公司业务的战略安排均充分说明。被诉侵权商品是由商标权人在德国慕尼黑工厂生产的正品，与本案授权商品均受到商标权人的实际控制。即当平行进口商品与授权商品的商标均是由同一主体或者同一控制主体所有或者控制时，商标权人对授权商品与被诉侵权商品均能够进行控制，其共同控制的平行进口商品不构成侵权，这一依据属于"共同控制或者所有"侵权例外的判定标准。

就海关监管而言，海珠海关并未认定被诉侵权商品违反中国海关法律法规的规定。从东方科苑公司的报关以及海珠海关监管检验来看，海关方面认为东方科苑公司的报关程序符合法律规定。海珠海关依法进行检验后认定被诉侵权商品属于合法进口的产品，海关方面在审验进口货物后认定被诉侵权商品进口符合中国法律规定。后因权利人申请海关扣押，海珠海关仍然认为不能认定是否构成侵权，要求权利人向法院申请临时措施。权利人向一审法院起诉并申请财产保全将被诉侵权商品查封、扣押，由此可以认定被诉侵权商品输入中国不违反中国海关法律法规的规定。

综上所述，被诉侵权商品属于平行进口的正品，且与商标权人授权在中国市场销售的商品相同或者不存在实质性差异，两者均受到商标权人的共同控制，故百威公司在本案中主张被诉侵权商品不属于平行进口的正品不能成立，东方科苑公司主张被诉侵权商品属于平行进口的正品，事实清楚，理据充分，法院依法予以支持。一审法院对此认定错误，法院依法予以纠正。

2. 一审法院认定被诉侵权行为构成侵害商标权是否正确。

(1)被诉侵权行为是否会导致混淆可能性。

混淆可能性是指未经商标权人同意，第三人在与商标相同或者类似的商品上使用相同或近似的商标，容易导致混淆、误认。一直以来，是否存在混淆可能性既是商标审查的重要尺度，又是侵权认定的主要依据。商标权人享有的权利范围取决于是否容易导致混淆，故判断被诉侵权标识是否构成侵害商标权的最主要标准就是混淆可能性。就百威公司主张构成侵害商标权的法律依据而言，被诉侵权标识与商标权人的商标在物理上是否完全相同并非法律是否予以保护的判断标准,《商标法》并非对符号本身的保护,而是对是否容易导致混淆的确认。他人未经权利人许可在相同商品上使用相同商业标识的,推定容易导致混淆、误认。未经商标权人许可使用被诉侵权标识与容易导致混淆误认,共同构成侵害商标权的构成要件,但是允许提供证据对混淆可能性进行反证推翻。

商标的市场价值在于对特定商业主体与特定商品进行联系,法律所要保护的利益是商标与商品的唯一、确定指向关系。消费者以商标作为媒介来寻找商品,减少搜索成本以提高交易效率,销售者能够按照自由意愿选择所需要的商品。侵害商标权在于破坏或者割裂商标与商品的能指与所指之间的指向关系,通过假冒或者仿冒来混淆视听,篡夺交易机会。不损害商标区别功能的使用行为,一般来说不属于商标权控制范围。商标的基本功能是区分商品或服务的来源,保护商标权就是保护商标的标识与区分功能,禁止他人未经许可在相同或者类似的商品上使用相同或近似商标。侵害商标权的判断标准应当为是否存在混淆可能性,可以说,混淆可能性是判定是否构成侵害商标权的基石和标准。

被诉侵权商品与授权商品并非指向同一主体或者并非由实质性同一主体控制时,权利人主张被诉侵权商品构成侵害商标权能够得以成立。被诉侵权商品由境外市场原样输入中国,仅仅改变了商品的销售渠道,不会导致混淆、误认行为,不会损坏权利人的商标权。人民法院在进行混淆可能性判断时,应当以《商标法》所规定的功能价值加以诠释其是否具有正当性。一审法院认定被诉侵权商品使用的标识与本案两枚商标构成近似进而构成侵权,并未将混淆可能性作为认定侵权的裁判标准,不仅认定事实部分不当,而且适用法律也存在错误,法院对此予以纠正。

(2)被诉侵权行为是否会损害商标的质量保证功能。

特别需要指出,商标指示着单一的甚至匿名的来源,商标的质量保证功能并非意味着商品或者服务的质量高或者优秀,而是指商标所指向的所有商品或者服务的质量水平会保持一致性和可预测性，这不是《产品质量法》意义上的产品质量保证。商标是商誉的表征，强化商标商誉的保护就是强化对商标权人的保护。就本案而言，商标所指向的商品以及商标所积累的商誉均来源于商标权人 SPATEN - FRANZISKANER - BRAU GMBH。在商标平行进口不损害商标质量保证功能进而不会损害品牌商誉的情况下，商标权人无权主张侵害商标权，无权以商标禁用权来将其排除出市场，这不是《商标法》所要实现的立法目的。故此，百威公司主张侵害商标权的诉讼请求，理据不足，法院依法不予采纳。

(3)被诉侵权行为是否会损害消费者权益。

保护消费者权益是《商标法》的重要立法目的之一，商标平行进口中，被诉侵权商品与授权销售商品属于同一来源，消费者在选择商品时不会受到误导，消费者在选择商品时的价格显然会低于授权商品的价格，丰富商品种类，授权销售商与一般经销商之间的市场竞争会提升消费者福利，最终有利于社会公共利益的达成。平行进口商品并非按照商标权人的安排进行上市销售，在一定程度上对授权商品销售产生竞争压力。商标权人要做的是在平行进口商品不存在实质性差异的情况下提升服务水平，而不是通过知识产权地域性特征来对平行进口商业模式予以禁止，通过市场控制来损坏消费者权益。

进口商一般会以权利用尽主张被诉侵权行为不构成侵害商标权的抗辩，对于权利用尽能否成为商标平行进口的抗辩事由，需要人民法院在案件审理中表明立场。对此，法院认为，权利用尽能否成为商标平行进口的正当抗辩理由问题需要进一步厘清其法律内涵，并以此为基础进行论证。我国法律并未明确规定权利用尽可以作为平行进口商品侵权抗辩的理由，也未明确规定不得作为抗辩事由，这与《专利法》明确规定权利用尽原则的制度供给不同。商标权作为知识产权具有地域性与独立性，在一国取得商标权并不意味着在他国取得商标权，商标权的取得应当以注册或者使用为归依。在中国境外使用被诉侵权标识，即使商标权在国外受到该国法律的保护，但该商标并非当然受到中国法律的保护，在中国境外受到法律保护的商标权，并非必然属于中国法律保护的商标权。在商标权人主张被诉侵权商标构成侵权的情况下，权利人是以在中国注册的商标为权利基础主张侵害商标权。中国商标权的保护范围与境外商标权的保护范围并非完全一致，商标使用行为在中国法的语境下才具有法律意义，商标平行进口进入中国境内并非属于权利人使用注册商标，国外使用的商标属于国际权利用尽语境下的商标，这并非属于权利人在中国所主张侵害商标权语境下的商标权。尽管权利人在中国注册的商标与境外注册的商标在符号物理特征上完全相同，但仍然属于两枚独立的商标，并非属于一枚商标在全世界受到保护，这也是由知识产权的地域性特征决定的。在没有国际条约、双边或多边协定进行特别制度安排的情况下，商标权人主张商标权国际用尽难以实际发生，因为商标权应当是受到一国法律保护的商标权而不是受到外国保护的商标权，国外商标权首次销售商品后的权利用尽所指向的商标权并非国内保护的商标权，权利人主张侵害商标权不是同一枚商标所蕴含的权利，在国外基于该国商标法的规定而出现商标权用尽，并非作为权利人在中国注册商标权用尽而主张不侵害商标权的当然抗辩理由，故平行进口的商标权国际用尽不能成立。

就商标权国内用尽而言，商标权国内用尽则属于授权商品首次销售后的权利用尽，由于商标平行进口并非属于商标权人在国内首次销售的商品，权利人并非对其进行了首次销售，故商标平行进口的商标权国内用尽也不能成立。就此意义而言，商标权利用尽并非侵害商标权的正当抗辩理由。进口商在平行进口案件中以权利用尽来进行抗辩，无论是商标权国际用尽还是国内用尽，均不能在商标法上获得自洽的解释，故以权利用尽抗辩平行进口商品不侵害商标权在侵害商标权案件中并无实际价值。由此可知，权利用尽是个比较复杂的法律问题，就 TRIPS 协议而言，由于成员国对权利用尽并未达成一致，故其未作出明确规定，而是由各成员国国内法规定。就我国目前法律而言，权利用尽在商标平行进口中作为抗辩理由并无适用的空间，难以得到司法的支持。

3.允许商标平行进口是否符合我国的公共政策。

自由贸易是国与国之间经济交往的必然结果，全球经济一体化的背景下，必须以促进市场充分开放，货物自由流通为基础。知识产权保护不能以阻碍货物自由流动为目的，而是要在促进全球贸易自由化背景下促进知识产权保护。在经济全球化与贸易自由化的背景下，商标权人以其商标权来阻遏国际自由贸易的平行进口的商标商品，必须具有正当的法理基础，符合在知识产权保护背景下的全球经济一体化以及贸易自由化的基本趋势。当商标平行进口的商品并未经过任何加工、改动，而是以原包装形式出售，仅仅是商品流动市场范围扩大，并未改变商品市场流通的本质，这一行为不会损害商标权人的利益，且能够促进全球贸易自由化。商标权人的商品之间的市场竞争可以促进国际自由贸易和鼓励价格竞争，增加消费者的选择机会。而且允许平行进口可以增加商标权人、国内商标被许可人、平行进口行为人的价格与服务品质竞争，形成市场竞争的良性循环，激励市场并最终实现促进国内经济、国外经济繁荣的目的。

典型意义

在立法者未对商标平行进口是否构成侵权作明确表态的情况下，司法机关应当秉持谦抑立场，在个案中对商标使用行为是否侵害商标权作出公正裁判，避免对某一商业交易模式的机械化理解，以及进行标签化裁决。人民法院在审理涉及侵害商标权的案件中，应以中国法来确定商标权的保护范围，而非以商标权人在境外拥有商标权作为裁判依据。商标权中的禁用权在平行进口语境下应当受到限制，除非国内商标权人与境外商标商品的权利人在被诉侵权行为发生时并非同一主体。人民法院在司法裁决中应通过对商标权保护范围的限制来缓解对贸易、投资的扭曲与阻碍。深化全球经济一体化与国际经济合作，实现商标权人、平行进口商、消费者与公共利益之间的平衡。①

① 以上“典型意义”部分的内容，来自广州知识产权法院官方微信公众号发布的《平行进口，不侵权！进口饮品引发纠纷》。

“王麻子”商标侵权及不正当竞争纠纷案

——北京栎昌王麻子工贸有限公司、广东金辉刀剪股份有限公司与义乌王麻子公司、山东麻泉子公司侵害商标权及不正当竞争纠纷案*

北京市盈科律师事务所　汤学丽　刘云佳

所获荣誉

淮海经济区四省十市中院“2022 年度淮海经济区知识产权司法保护典型案例”；临汾市中级人民法院“2022 年临沂法院知识产权典型案例”。

案情简介

栎昌王麻子享有“王麻子”企业名称权和王麻子系列注册商标专用权。2020 年 12 月 13 日，经国家知识产权局核准，栎昌王麻子将王麻子系列商标均转让给金辉刀剪公司。“王麻子”字号及注册商标经长期持续使用在全国范围内具有较高知名度和影响力，已为相关公众所普遍知悉。义乌王麻子公司恶意登记并使用包含“王麻子”字号的企业名称，在商品包装、广告宣传及销售渠道中突出使用“王麻子”，山东麻泉子公司作为其同一法定代表人的关联公司在销售推广宣传中使用“中华老字号”“百年品牌”等词汇。

---

* 一审案号：山东省临沂市中级人民法院（2021）鲁 13 民初 122 号民事判决书。
二审案号：山东省高级人民法院（2022）鲁民终 371 号民事判决书。

栎昌王麻子公司、金辉刀剪公司认为义乌王麻子公司、山东麻泉子公司上述行为构成商标侵权及不正当竞争，故委托北京市盈科律师事务所，并由北京市盈科律师事务所指派汤学丽律师、刘云佳律师作为诉讼代理人，维护其合法权利。

办案策略及律师工作

北京市盈科律师事务所汤学丽律师、刘云佳律师听取当事人陈述后，展开对案情的仔细研究和全面调查，决定就本案商标侵权行为与不正当竞争行为的认定分别采取以下策略：

第一部分：关于诉讼主体的选择策略。

从商标侵权行为来看，由于本案所诉商标侵权行为在上述注册商标转让前后均有发生，为全面保护权利人的合法权益，应选择将权利商标的前后商标注册人均列为原告共同提起诉讼。

从不正当竞争行为来看，本案涉及义乌王麻子公司擅自使用栎昌王麻子公司“有一定影响的”企业名称的不正当竞争行为，故栎昌王麻子公司应作为原告参诉。

综上，本案最终选择栎昌王麻子公司与金辉刀剪公司作为共同原告提起诉讼。

第二部分：关于商标侵权认定的诉讼策略。

第一，提供证据证明两原告在侵权行为发生时享有权利基础，有权对涉案被诉行为主张权利，为本案适格诉讼主体。

第二，多渠道、持续对侵权行为取证。通过线上多平台、线下实体店持续多次取证证明义乌王麻子公司生产、山东麻泉子公司销售的刀、剪商品上使用与原告权利商标近似的标识，义乌王麻子将“王麻子”作为企业名称并突出使用，足以使相关公众混淆和误认，构成商标侵权。

第三，多方面对权利商标知名度举证。通过国图检索、荣誉证书、维权保护记录等证明权利商标“王麻子”在刀剪行业及相关公众认知中已经具备了较高的知名度,为判赔考量因素奠定基础。

第四,厘清义乌王麻子公司、山东麻泉子公司涉诉侵权行为的主观与客观背景。通过企业信息对法定代表人、股东信息、关联主体名下商标及商标被无效、不予注册现状进行梳理,客观展现两被告公司法定代表人曾为栎昌王麻子公司某分公司负责人的历史背景,以及两被告公司在其共同法定代表人授意下开展多方面明知而故意的商标侵权行为,在主观性上认定两被告公司的侵权恶意。

第三部分:关于不正当竞争行为认定的诉讼策略。

第一,涉诉双方经营范围存在交叉,具有直接竞争关系。

第二,"王麻子"商标及字号经长期持续使用并具有较高的市场知名度,与原告已经形成固定的指向性联系。

第三,两被告明知"王麻子"字号及商标具有较高知名度,仍登记并使用包含"王麻子"字号的企业名称,没有尽到合理的避让义务,明显具有攀附原告"王麻子"商标及企业名称的恶意,容易导致相关公众的混淆误认,构成将他人注册商标作为企业名称中的字号使用以及擅自使用他人"有一定影响的"企业名称的不正当竞争行为。

第四,两被告在商品销售宣传过程中,对外宣称中华老字号、百年品牌,使用与"王麻子"起源、历史及所承继荣誉一致的表述,容易使消费者对其品牌及主体产生误解,进而取得竞争优势,构成《反不正当竞争法》第 8 条第 1 款规定的引人误解的虚假宣传行为。

裁判要旨及结果

裁判结果:

一审法院经审理认为义乌王麻子公司、山东麻泉子公司构成侵犯注册商标专用权,将他人注册商标作为企业名称中的字号使用以及擅自使用他人"有一定影响的"企业名称的不正当竞争、虚假宣传行为。判决被告立即停止在商业活动中突出使用其“王麻子”字号的侵犯原告“王麻子”系列注册商标专用权的行为；立即停止使用“王麻子”字号并于判决生效后30日内变更字号，变更后字号不得含有“王麻子”字样；立即停止“中华老字号”“百年品牌”等虚假宣传行为。义乌王麻子公司、山东麻泉子公司分别赔偿原告经济损失及合理维权支出费用共计300,000元、30,000元。两被告不服一审判决，向山东省高级人民法院提起上诉，二审维持原判。

争议焦点：

义乌王麻子公司、山东麻泉子公司是否构成商标侵权及不正当竞争？

裁判要旨：

栎昌王麻子公司的“王麻子”注册商标品牌及其字号长期、持续使用并具有较高的市场知名度，形成固定的指向性联系。义乌王麻子公司法定代表人原系栎昌王麻子公司某分公司负责人，必然深知“王麻子”注册商标及字号为相关公众所知悉的事实，其仍在与权利商标核定同种商品上使用与“王麻子”商标近似的标识，并在任职期间以自身为法定代表人登记成立了义乌王麻子公司，以“王麻子”作为其企业名称。同时，义乌王麻子公司、山东麻泉子公司在商品销售宣传过程中对外称中华老字号、百年品牌等行为与事实不符，容易使消费者对于其品牌的起源、历史及其与栎昌王麻子或“王麻子”商标的关系产生误解，进而取得竞争上的优势，构成虚假宣传。综上，两被告行为构成侵害商标权及不正当竞争。

典型意义

（一）关于传统品牌和老字号的传承保护

本案系一起由中华老字号引起的商标侵权及不正当竞争纠纷案件。老字号一般是指历史悠久，传承独特产品、技艺或服务、理念，并取得社会广泛认同的品牌，它浸润着深厚的历史底蕴，承载着优秀的传统文化，展示出丰富的经济文化价值。《知识产权强国建设纲要（2021—2035年）》提出了发展传承好传统品牌和老字号的要求。

在本案审理过程中，以《商标法》《反不正当竞争法》等法律为依据，厘清老字号的历史沿革和传承关系，合理划清老字号品牌界限，准确把握证明标准，依法加大对攀附模仿使用老字号的打击力度，合理合法地确定赔偿数额，提高侵犯老字号权益的违法成本，为中华老字号的保护提供思路，具有示范指引作用。

（二）关于判定商标侵权及不正当竞争的指导意义

第一，经工商局核准的企业名称并不当然合法，若存在涉及恶意攀附他人商誉或侵犯他人在先权利的行为，将他人在先具有一定知名度的注册商标作为企业字号使用于相同或者类似商品或服务上，造成相关公众混淆或误认的，其行为违反了经营者在市场竞争中所应遵循的诚实信用原则和商业道德，构成不正当竞争。本案中原告"王麻子"注册商标品牌及其字号长期、持续使用并具有较高的市场知名度，与栎昌王麻子公司形成固定的指向性联系。被告明知原告"王麻子"字号及商标具有较高知名度，其作为在后成立的公司，在注册企业名称时应当尽到合理的避让义务，但被告公司仍注册包含"王麻子"字号的企业名称进行使用，并在各种场合的商业活动中以"王麻子"的企业名称出现。被告使用的企业字号与原告"王麻子"注册商标相同，其主观上具有攀附该注册商标知名度的目的，违反了诚实信用原则，易使相关消费者误认为与原告公司存在关联，违反了公平竞争原则，构成不正当竞争。

第二，与他人注册商标相同的文字作为企业的字号在相同商品上突出使用，易使相关公众产生误认的，构成商标侵权。本案中，两被告通过共同的宣传运营在微信公众号、质量新闻网、1688 店铺突出使用其"王麻子"字号，与原告"王麻子"注册商标相同，其用于识别商品来源，属于商标性使用。被告公司生产销售的刀、剪商品与原告"王麻子"商标核定使用商品属于相同或类似商品，结合原告"王麻子"商标具有较高知名度和影响力的事实，"王麻子"商标已为相关公众普遍知悉，该突出使用行为容易使相关公众产生误认，容易使相关公众误认为其与涉案权利商品存在关联，构成侵犯涉案注册商标专用权。

第三，"中华老字号"标识仅适用于商务部认定的"中华老字号"企业或品牌，未被商务部认定为"中华老字号"的企业或个人，不得使用"中华老字号"标识和文字。若经营者在商业活动中使用山寨机构认定的"中华老字号"进行宣传销售，足以造成相关公众对商品的质量、起源、历史、生产者等产生误解，构成《反不正当竞争法》第 8

条规定的引人误解的虚假宣传行为。本案中两被告并非商务部认定的“中华老字号”企业或品牌，却在其商品销售宣传过程中对外宣称中华老字号、百年品牌，在电商平台直接以“中华老字号——王麻子”作为店铺名称，以及在商品包装背面宣称“麻子世家”品牌为中华老字号等行为与客观事实不符，容易使消费者对于其品牌的起源、历史及其与两原告公司关系产生误解，从而使自己在市场竞争中取得竞争优势，构成虚假宣传。

在商标侵权案件中如何通过全面收集证据证明被告构成恶意侵权

——贵州岩博酒业有限公司与贵州金沙窖酒酒业有限公司、人民文创（北京）文化发展有限公司侵害“人民小酒”商标专用权纠纷案*

北京盈科(贵阳)律师事务所　余清凯　陈银宇

所获荣誉

贵州省高级人民法院“2022 年贵州法院知识产权十大典型案例”。

案情简介

贵州岩博酒业有限公司系涉案“人民小酒”注册商标权利人，其生产的“人民小酒”经过广告投放等市场宣传行为，销售额有较大幅度的提升，并于 2018 年 3 月被中国酒业协会授予 2017 年度“青酌奖”酒类新品(白酒类)称号，结合“人民小酒”其独特的历史渊源与带领岩博村民脱贫攻坚的背景故事，在党的十九大召开后，“人民小酒”逐渐受到全国人民的关注，逐渐具有了一定知名度和影响力。

2020 年人民日报社旗下的人民文创(北京)文化发展有限公司与贵州金沙窖酒酒业有限公司共同打造本案的被诉侵权商品“人民好酒·奋斗篇”

---

* 贵阳市中级人民法院:(2020)黔 01 民初 2869 号民事判决书。
贵州省高级人民法院:(2022)黔民终 167 号民事判决书。

联名酒，该酒由贵州金沙窖酒酒业有限公司名下酒厂负责生产，由人民文创（北京）文化发展有限公司冠名。涉案侵权产品“人民好酒”的单瓶外包装正面显著位置横向排列较大字体的“人民好酒”字样及较小字体的“奋斗篇”“人民文创纪念酒”，外包装上部标注有“人民文创”“金沙回沙酒”标识，包装底色为红色；瓶贴显著位置亦横向排列较大字体的“人民好酒”字样，瓶身底色为红色，瓶身上的“人民文创”标识系人民文创（北京）文化发展有限公司授权贵州金沙窖酒酒业有限公司使用。该“人民好酒”在诸如宣传标语/口号、白酒瓶身、白酒名称、品牌命名方式等方面模仿贵州岩博酒业有限公司“人民小酒”白酒产品，贵州岩博酒业有限公司遂以该“人民好酒”与“人民小酒”商标近似，易导致一般消费者发生混淆为由，诉至贵州省贵阳市中级人民法院，请求贵州金沙窖酒酒业有限公司、人民文创（北京）文化发展有限公司停止侵权并赔偿贵州岩博酒业有限公司经济损失共计3,000,000元。

办案策略及律师工作

本案贵州岩博酒业有限公司代理人北京盈科（贵阳）律师事务所知识产权法律事务部主任、高级合伙人余清凯律师，系贵州岩博酒业有限公司常年法律顾问，自2017年贵州省盘县撤县建市贵州岩博酒业有限公司推出“人民小酒”以来，负责该品牌商标保护与维权工作。对“人民小酒”的诞生背景及发展轨迹有深刻的了解。在接受贵州岩博酒业有限公司委托后，针对“人民小酒”的侵权行为制定了全面的证据收集、固定工作与诉讼策略和工作计划。

1. 积极收集“人民好酒”白酒产品存在蓄意侵害“人民小酒”商标的相关证据。贵州岩博酒业有限公司“人民小酒”商标禁用期自2019年12月26日起开始计算，商标权利受到法律保护。经代理律师查询到，人民文创（北京）文化发展有限公司于2020年4月9日申请注册“人民好酒”商标，国家知识产权局商标局于2021年1月12日作出《关于第41580044号“人民好酒”商标驳回复审决定书》，认定“人民好酒”在文字构成等方面与在先注册商标“人民小酒”相近且不易区分，若使用在同一种或类似商品上，易导致相关公众对商品来源产生混淆和误认，已构成使用在同一种或类似商品上的近似商标。而人民文创（北京）文化发展有限公司、贵州金沙窖酒酒业有限公司在对此知情的情况下，仍然继续生产销售“人民好酒”并不断发展该侵权产品衍生的系列白酒，在一定程度具有侵犯了“人民小酒”注册商标专用权的故意。

2. 处理好“人民好酒”与“人民小酒”字样及指向来源的问题。在突出显著部分的识别上，明确侵权产品“人民好酒”的标识无论采用何种文字颜色及字体，或采取横向、纵向排列，其显著识别部分以及突出使用部分均为“人民好酒”四个字，对此事实部分通过结合商标审查指南及过往相似案例，如两凤与西凤案、五粮液与七粮液案、泸州老窖与泸州宏窖等案例加强说理，将“人民好酒”白酒商品包装上记载有“奋斗篇”“人民文创纪念酒”等字样非显著识别部分进行剔除，加强“人民好酒”无法与“人民小酒”进行区别的论述。

3. 通过加强对法律的解释与理解运用，为“人民小酒”商标注册标识在商品上属于规范、合理使用找到依据支撑，巩固“人民小酒”在本案诉请保护的商标对象的稳定性。为避免本案二被告以“人民小酒”存在不规范使用注册商标构成滥用注册商标专用权，以及本案诉请保护在商品上使用的“人民小酒”样式与诉请保护的注册商标不同为由可能引发的相关抗辩。代理人对《商标法》第 49 条第 1 款规定的“自行改变注册商标”，提前做好该条立法的用意及条款内涵的检索与收集，明确该条的实际意义是指改变注册商标的原显著特征。再结合《最高人民法院关于审理商标授权确权行政案件若干问题的规定》第 26 条第 2 款、《最高人民法院关于审理商标授权确权行政案件若干问题的意见》第 20 条第 2 款的规定，为巩固本案诉请保护的“人民小酒”商标在实际使用中完全符合现行法律法规规定的合理使用范围内找到支撑依据。并通过北京高级人民法院、山东省高级人民法院等高院裁判案例检索，论证了本案诉请保护的“人民小酒”商标字体并未因为字体改变而致使注册商标显著性发生改变。

4. 剖析“人民好酒”与“人民小酒”各自所表达的含义，通过对比内涵寻找对我方有利的事实依据。代理人通过商标检索及案例检索，发现注册商标中“人民”二字虽并非属于任何一方或者其他第三人特有。在本案中，“人民”二字与“小酒”“好酒”二字相组合，其组合文字所表达的含义便基本相似。首先“人民小酒”“人民好酒”在字面上均指向酒类商品，其次“人民小酒”“人民好酒”无论是文字还是读音，均基本相似，此外，在内涵方面，“人民小酒”所表达的思想及含义为“人民小酒，为幸福生活举杯”，而通过代理人的检索，“人民好酒”所表达的含义是“人民好酒，致敬美好生活”。“人民好酒”在内涵的设计上，与“人民小酒”便存在明显雷同。

5. 关于“人民好酒”的宣传推广及影响力进行反向检查和摸底。本案中人民文创（北京）文化发展有限公司坚称“人民好酒”在市场上具有一定影响力、使用的宣传资源在国内具有较高号召力，同时市场客户端以及市场份额与“人民小酒”均不同。对于该部分的抗辩应对，代理律师通过查询互联网中“人民好酒”最早的曝光信息，查明该酒是一款起于 2019 年年底，始于 2020 年生产推出的白酒商品，其存续时间仅短短 1 年，且 2020 年同时遭受新冠疫情影响，代理律师未发现“人民好酒”获取过相关奖项及荣誉。对于人民文创（北京）文化发展有限公司称其使用的宣传资源具有较高号召力，经代理人查询，其无非指借助人民日报社媒体资源及其旗下的杂志，如《环球人物》杂志，给“人民好酒”打广告。而经过代理人核实，人民文创（北京）文化发展有限公司系人民日报社旗下的文创品牌，人民文创（北京）文化发展有限公司利用人民日报社的资源及平台给侵权产品“人民好酒”打广告的行为实质上更无法说明“人民好酒”有一定影响力及一定市场份额，通过此番证明使得“人民好酒”相关广告宣传对其知名度的提升以至于达到可区分于“人民小酒”品牌程度的证据证明力度大打折扣。

6. 代理人通过对相关网络证据的扒底，阻挡了对方针对“人民好酒”与“人民小酒”因品牌定位与价格地位、客户群体不同对一般消费者不产生混淆可能的论证。代理人通过调查人民文创（北京）文化发展有限公司提交中商产业研究院 2020 年中国白酒行业未来预测报告、2020 年中国白酒排行榜文章的作者及发布机构，证明了文章出具机构实为盈利法人，其出具的报告本身便不具备权威性及代表性、公正性。且文章所记载的数据均未标注准确来源,其数据的真实性存疑。代理人通过举出红星二锅头、江小白、牛栏山二锅头的市场定位,价格定位不同不影响商标侵权判断的典故驳斥对方的论证。

我方律师团队将上述涉及的背景资料、针对性案例及论述意见整理成代理意见、检索报告、对比意见、情况说明等多份律师文书提交至人民法院,最终相关的代理意见被法院采纳,对方提出的各项反驳意见未被支持。依法认定涉案侵权产品商品标识与我方商标构成近似且容易致使一般消费者误认混淆,依法构成商标侵权。

裁判要旨及结果

贵阳市中级人民法院、贵州省高级人民法院认为:“人民好酒”标识与“人民小酒”注册商标相比对,“人民好酒”与“人民小酒”三个中文汉字相同,仅中间的“好”与“小”不同,且“好”“小”更多地作为商品特性的描述性词语而非重要可性要素,在“好”与“小”非处于显著位置而且读音有的情况下,二者的整体结构近似,结合“人民小酒”商标的知名度,虽然二者的表现形式不完全一致,然而在隔离对比的情况下,易使相关公众误认为二者系关联品牌等,易产生误认或者认为其来源与“人民小酒”注册商标有特定的联系,属于《商标法》第57条第2项中未经商标注册人的许可,在同一种商品上使用与其注册商标近似的商标容易导致混淆的行为,被告侵害了原告第28273228号注册商标专用权。被告提出二者不相似,不会造成混淆的主张法院不予采纳。

典型意义

贵州省高级人民法院认为,本案对于白酒产业领域的知识产权保护具有典型意义:“本案原、被告同为贵州省内具有一定影响的白酒生产企业,在贵州省将白酒产业作为‘十四五’规划的重要内容、提出‘打造世界酱香白酒产业聚集区’的当下,厘清产品标识界限,对贵州白酒生产企业明晰产品方向、聚焦产品质量、打造产品核心竞争力，促进贵州省白酒产业良性、健康发展，具有积极的现实意义。本案对‘人民好酒’是否对‘人民小酒’商标构成侵权，从历史渊源、区分要素、整体混淆、知名度等方面进行分析，确定被告使用‘人民好酒’标识对原告‘人民小酒’注册商标构成侵权。”①

① 以上“典型意义”内容，来自微信公众号“贵州高院”在2023年4月27日发布的微信文章《2022年贵州法院知识产权十大典型案例》。

原告如何通过增加权利基础和共同被告以获得更高赔偿

——云创设计（深圳）集团有限公司诉深圳市中盛乐盈服饰有限公司等著作权侵权及不正当竞争纠纷案*

北京市盈科(深圳)律师事务所　王承恩

所获荣誉

深圳市律师协会“2022年度深圳律师知识产权十大典型案例(商业秘密及不正当竞争类)”。

案情简介

原告:云创设计(深圳)集团有限公司。

被告:深圳市亿卓服饰有限公司、深圳市亿卓服饰有限公司龙华星河店、深圳市亿卓服饰有限公司龙华民冶店、深圳市中盛乐盈服饰有限公司。

深圳市龙岗区欧卓服装店云创设计(深圳)集团有限公司(以下简称云创公司)在2014年10月20日和2018年12月17日创作完成的作品“MAXRIENY奇幻城堡店铺形象”“千寻奇幻城堡”两种店铺形象分别于2015年8月21日、2019年5月31日获得了广东省版权局的作品登记(登记号为“2015－L－00224713”和“2019－J－00000257”)。云创公司还将作品“七彩幽光MC9611400031SW0”和“情书密语MC8920930041JS0”向

* 广东省深圳市中级人民法院:(2021)粤03民终34687号民事判决书。

广东省版权局申请并获得了作品登记证书，享有这两款服装设计的著作权。

深圳市中盛乐盈服饰有限公司（以下简称中盛公司）、深圳市亿卓服饰有限公司（以下简称亿卓公司）明知云创公司存在在先权利，仍在其服装店铺中擅自使用与原告店铺装潢实质性相同的店铺装潢，具有混淆可能性。同时，亿卓公司还生产、销售云创公司享有著作权的服饰，在其官网、微信公众号上使用云创公司品牌玛克茜妮在“百度百科”词条上关于品牌简介、设计风格、顾客定位及品牌故事的文字介绍进行宣传推广。

此外，原、被告双方均从事都市女性服装的设计及销售的行业，经营类别范围及地域范围均重合，具有同业竞争关系，且原告方旗下涉案店铺形象经过长期、广泛的使用，在相关公众中已具有很高的知名度及影响力。同时，中盛公司、亿卓公司存在人员混同、业务混同的情形，应当认定为混同经营；中盛公司、亿卓公司作为涉案侵权行为的共同侵权主体，应当承担连带侵权责任。

办案策略及律师工作

本案难点在于如何证明店铺装潢“具有一定的知名度”，以及证明被告中盛公司和亿卓公司存在混同经营，应当共同承担侵权责任。

接受委托后，根据云创公司的要求和提供的材料开展了相应工作，通过前往原、被告线下实体店铺进行勘验比较的方式，走访各个被告的店铺，对店铺装潢、服装设计等要素的相似程度进行初步判断。同时通过与原告沟通收集各种能够证明原告店铺装潢具有影响力的证据并固定被告方的服装设计、店铺装潢、宣传文案等侵权证据。最后将上述证据通过表格、时间轴的方式制作成可视化、数据化的形式，方便法官在审理案件时能够清晰看到案件的事实情况。

通过上述方法，一审法院对于大部分诉求给予了支持，但是在“千寻奇幻城堡”的店铺装潢是否具有一定影响力或与原告产生了紧密的联系，以及被告中盛公司、亿卓民治店是否共同实施了上述侵权行为，应当共同承担责任这两个问题上，认定结果对云创公司不利，从而提起上诉。

二审中对上述两个问题，团队从以下方面加强论述：

1. 上诉人的“千寻奇幻城堡”店铺装潢具有一定影响力，且能够与上诉人产生紧密联系，中盛公司、亿卓民治店的行为足以引起消费者混淆。

首先，证明店铺装潢具有较高的知名度，团队在一审就向法院提交了云创公司及其“千寻奇幻城堡”店铺装潢所参与的活动和评奖的宣传文章和报道，通过云创公司获得的荣誉和相关门店数据等证据来证明店铺的知名度。

其次，团队在一审就向法院提交了云创公司在其微博账号上发布的“千寻奇幻城堡”店铺装潢的各种细节照片和众多用户关注、评论该消息的相关证据，同时通过最高人民法院类似判决中的论述“人民法院认定是否属于有一定影响的商品，应当考虑该商品的销售时间、销售区域、销售额和销售对象，进行宣传的持续时间、程度和地域范围，作为知名商品受保护的情况等因素，进行综合判断”来证明该店铺装潢具有一定影响力且能够和云创公司产生紧密联系。

最后，通过中盛公司在其官网披露的消息，团队发现中盛公司店铺装潢的风格在短时间内发生了巨大变化，不符合常理，在云创公司先公布店铺装潢的情况下，可以推测中盛公司的设计有“搭便车”行为。

2. 一审法院在酌情确定赔偿数额时，未考虑中盛公司和亿卓民治店均对“千寻奇幻城堡”构成不正当竞争的情况，且四被上诉人之间存在共同侵权的故意，故请求二审法院增加四被上诉人共同赔偿的数额。

团队通过中盛公司和亿卓公司各种公示信息和宣传报道发现两公司存在人员交叉和业务混同的情况，可以合理推断中盛公司和亿卓公司就侵权事实有事前的串通。同时提交亿卓民治店与亿卓公司的合同、公示信息等相关证据，来证明亿卓民治店是由亿卓公司实际控制的分支机构，亿卓公司能控制亿卓民治店的业务经营活动。

通过提交中盛公司和亿卓民治店同亿卓公司具有事实联系，能够证明构成共同侵权的证据来请求二审法院判定二者承担连带赔偿责任。

裁判要旨及结果

针对案件情况，一审法院支持将多个侵权事实一并处理，同时认定被告侵犯了原告服装设计和宣传文案的著作权，但是在认定店铺装潢的不正当竞争行为上，一审法院只认定了被告针对“MAXRIENY 奇幻城堡店铺形象”具有不正当竞争行为，不支持被告对“千寻奇幻城堡”店铺装潢的不正当竞争行为，认为被告亿卓民治店的店铺装潢在中岛、橱窗、拱顶走廊及设计元素、色彩观感上与原告“千寻奇幻城堡”店铺装潢相似，但根据原告提交的证据，难谓“千寻奇幻城堡”店铺装潢具有一定影响力或与原告产生了紧密的联系，不足以引起消费者的混淆。同时在侵权主体的认定上认为被告三个应当承担责任，而认为原告提交的证据不足以证明被告中盛公司、亿卓民治店共同实施了上述侵权行为。

原、被告双方均不服一审判决而上诉。

二审法院对于两种店铺装潢不正当竞争行为都给予了支持。通过“店铺装潢具有独特性”“通过互联网发布了该店铺装潢细节，引发众多用户关注”等证据，认定了云创公司的玛克茜妮奇幻城堡及千寻奇幻城堡店铺装潢已经具有一定影响力，其他经营者在经营过程中应当予以合理避让。

同时，对于侵权主体的认定问题，二审法院认为尽管中盛公司在二审调查程序中主张其品牌店铺装潢系由店铺自行设计，但结合亿卓公司星河店、亿卓民治店均系亿卓公司的分支机构，且根据服装行业品牌方通常会对该品牌店铺装潢进行统一设计和要求的商业惯例，认定亿卓公司、中盛公司均与相应的分支机构共同实施了前述《反不正当竞争法》所规制的混淆行为，并且根据证据能够证明两公司存在人员、业务混同的情形，所以应当认定为混同经营，彼此应当作为对方涉案全部侵权行为的共同侵权主体，承担共同侵权责任。

典型意义

1. 正确把握《反不正当竞争法》第6条第1项规定的“有一定影响”的裁判尺度。

目前，法律及相关司法解释并未对《反不正当竞争法》第6条第1项规定的“有一定影响”作出详细的解释。在司法实践中，法官往往会综合考虑消费者群体数量、商品名称、包装、装潢等相同或者近似的标识的使用区域等因素。认定标准并不需要原告标识在全国范围内均具有很高的知名度，只要达到能推定作为同行的被告知悉原告相关情况的程度即可。

本案二审法院在认定商品包装装潢是否具有“一定影响”时，结合“原告的店铺装潢具有独特性”、“通过互联网发布了该店铺的形象照片与细节，引发众多用户关注”以及“用户在社交媒体发布相关店铺装潢细节”等证据，从而正确认定原告的店铺装潢已经具有一定影响力，其他经营者应当予以合理避让，作出了与一审判决不同的认定。

2. 正确把握民事案件中认定“共同侵权”和“混同经营”的裁判尺度。

关于“共同侵权”和“混同经营”方面的证据，云创公司均在一审阶段提交，二审阶段并未补充，但一审法院和二审法院对此的观点明显不同。

一审法院对证明标准的把握过于严格，认为云创公司一审提交的证据原告提交的证据不足以证明中盛公司、亿卓民治店共同实施了相关侵权行为。

二审法院正确适用“相对优势证据”的民事案件证明标准。

首先，结合亿卓公司星河店、亿卓民治店均系亿卓公司的分支机构，且根据服装行业品牌方通常会对该品牌店铺装潢进行统一设计和要求的商业惯例，二审法院认定亿卓公司、中盛公司均与相应的分支机构共同实施了前述《反不正当竞争法》所规定的混淆行为。

其次，由于亿卓公司直接经营中盛公司的EF品牌，中盛公司同样参与亿卓公司经营的ZRAU品牌的经营推广活动，亿卓公司的分支机构销售中盛公司的商品。据此，二审法院认为中盛公司与亿卓公司存在人员混同、业务混同的情形，应当认定为混同经营。

二审法院正确适用证明标准，才能让本案既取得良好的法律效果，也能取得良好的社会效果。

被诉店铺未达到实质性相似程度时，知名店铺装潢权利人如何维权

——深圳市云创服装设计有限公司与广东维耶斯服饰有限公司等著作权侵权与不正当竞争案*

北京市盈科(深圳)律师事务所　王承恩

所获荣誉

深圳市律师协会“2021年度深圳律师承办著作权十大典型案例”。

案情简介

原告:深圳市云创服装设计有限公司(以下简称云创公司)。

被告:广东维耶斯服饰有限公司(以下简称维耶斯公司,涉嫌侵权服装的品牌持有方)、广东维耶斯服饰有限公司广州分公司(以下简称维耶斯广州分公司)、广州市花都区新华遇见服饰店(以下简称遇见服饰店)、广州市花都区新华佩珊服饰店(以下简称佩珊服饰店)、广州市从化街口俪旺采服饰店(以下简称俪旺采服饰店)。

云创公司于2014年10月20日创作完成MAXRIENY奇幻城堡店铺形象,并于2015年8月21日取得该作品登记证书(证书登记号为国作登字－2015－L－00224713)。该店铺形象以“森林古堡秘境”为概念,通过中世纪装饰元素结合宫廷设计,表达超现实意境。店铺中的灰墙、试衣间、吊架等

* 广州知识产权法院:(2020)粤73民终4408号民事判决书。

作品伴有古堡雕花的点缀，创作出具有独创性的造型，整体装潢不仅富有美感，还能起到区分商品及服务来源的作用。另外，原告还对其开发创作的 11 款服装设计及宣传文案享有著作权。

维耶斯公司等被告未经许可，在店铺装潢上采用了与原告风格相似的元素造型组合，并对原告享有在先著作权的服装进行抄袭、生产及销售。同时，维耶斯公司、维耶斯广州分公司还抄袭了原告宣传文案用于品牌推广。

此外，原被告均从事女性服装设计及销售行业，经营地域范围也存在重合，为同业竞争关系。且原告的店铺装潢经持续广泛使用，在相关公众中已具有很高的知名度及影响力，被告明知原告存在在先权利，仍在其店铺中擅自使用与原告风格相似的店铺装潢，具备混淆可能性。

办案策略及律师工作

接受原告委托后，根据当事人提供材料整理诉讼方案及工作流程：

1. 前期勘察阶段。

组织办案人员前往原、被告双方实际经营服装店铺进行勘察，尤其是被告方开设不同区域的连锁店铺，初步判断双方店铺装潢构成相似程度，同时结合法院在先判例倾向从而确定管辖。

2. 大数据检索阶段。

根据前期勘察报告的要点总结本案难点，诸如店铺装潢的权利属性是否构成著作权意义上的作品，如果是作品的类型应为建筑作品还是美术作品，以及对方复制行为是属于平面到立体的复制还是立体到立体的复制等一系列问题，以上理论问题在司法实践中的裁判要点，都需要进行在先类案检索，从而发现解决问题的路径。

3. 诉前证据固定阶段。

一方面与原告方公司设计人员多次沟通并搜集创作过程证据，同时收集使用及知名度证据等；另一方面对数被告的侵权行为包括不限于店铺装潢的细节、服装款式、文案宣传等行为进行逐一固定。

4. 组织诉前会议。

根据当事人需求确定诉讼请求，比如是否需要将某商场列为共同被告、是否会影响原告公司与某商场的正常合作、是否有利于案件后续的执行等问题进行利弊分析，提出专业法律意见，以便当事人进行决策。

5. 以可视化形式向法官呈现案件事实、大数据检索阶段。

团队使用 PPT、EXCEL 等形成可视化、数据化的形式，将原告的权利基础与数被告的被诉行为进行充分比对，对案件事实按照时间顺序整理成时间轴等可视化的形式。

6. 尽量丰富请求权基础，全力争取法院支持。

本案对原告比较不利的是，被告方经营的各店铺与原告经营的店铺相似度不是特别高，能否认定为实质性相似存在较大不确定性。因此，代理律师团队全力收集多方证据，并提出了多个请求权基础，包括“MAXRIENY 奇幻城堡店铺形象”的著作权、《反不正当竞争法》第 6 条第 1 项规定的有一定影响的装潢，且为法院适用《反不正当竞争法》第 6 条第 4 项认定被告方构成不正当竞争行为做好铺垫。

裁判要旨及结果

1. 法院总结本案的案件争议焦点主要是：

（1）原告是否对“MAXRIENY 奇幻城堡店铺形象”、服装作品、宣传文案享有著作权；

（2）各被告的行为是否构成对原告服装作品著作权的侵权；

（3）被告维耶斯公司、维耶斯广州分公司的行为是否构成对原告宣传文案、天猫旗舰店的声明、面料图片的侵权；

（4）各被告的行为是否构成不正当竞争。

2. 律师团队根据上述争议焦点从以下方面进行论述：

（1）原告对“MAXRIENY 奇幻城堡店铺形象”、服装作品、宣传文案享有著作权。

原告将含有“MAXRIENY”品牌店铺的设计效果图的作品向国家版权局进行了登记，并且相关邮件证据中显示该店铺形象设计的效果图、施工图等证明原告独立创作的过程。原告对“MAXRIENY 奇幻城堡店铺形象”享有著作权。

原告通过电脑绘制的方式进行服装设计，并向国家版权局申请了著作权登记证书，因此原告对其服装作品亦享有著作权。

而原告的宣传文案来源于其品牌设计总监于 2015 年第十五届深圳服交会上接受记者采访时的发言，可视为其属于云创公司的口述作品，云创公司享有该作品的著作权。

（2）各被告的行为已构成对原告服装作品著作权的侵权。

首先，原告有证据证明其作品已经通过成衣销售的方式进行发表，且存在被告接触该作品的可能性。其次，被控侵权服装与原告服装虽然存在细微差别，但整体形态、设计元素及轮廓特征均一致，构成实质性相似。最后，服装设计类的美术作品虽然具有实用功能，但本案中涉案作品展示美感的部分可以在观念上与实用功能分离。

因此，各被告的生产、销售行为侵犯了原告服装作品的著作权。

（3）被告维耶斯公司、维耶斯广州分公司的行为构成对原告宣传文案、天猫旗舰店的声明、面料图片的侵权。

首先，原告与被告维耶斯公司、维耶斯广州分公司同属服装设计及销售行业，被告具备接触前述作品的可能性。其次，被告维耶斯公司、维耶斯广州分公司品牌理念中的词句与原告宣传文案中相关词句的表达构成实质性相似。同时，被告维耶斯公司的天猫旗舰店店铺的服装展现方式及排列形式也与原告构成实质性相似。

综上所述，被告维耶斯公司、维耶斯广州分公司的上述行为构成对原告宣传文案、天猫旗舰店的声明、面料图片著作权的侵害。

(4)被告维耶斯公司、维耶斯广州分公司的行为极易造成消费者的混淆，构成不正当竞争。

首先，原告与各被告同属服装设计及销售行业，为同业竞争关系。其次，原告的“MAXRIENY 玛克茜妮”品牌在国内市场具有一定规模及市场占有率，享有较高知名度。最后，被告与原告在使用的店铺形象、装潢风格、宣传文案以及销售的服装款式上均构成实质性相似，足以导致一般消费者误认为是原告的商品或者与原告存在特定联系。

综上所述，被告维耶斯公司、维耶斯广州分公司的行为构成不正当竞争。

3. 法院裁判结果：

一审法院认定各被告侵犯了原告对于服装作品享有的著作权，被告维耶斯公司、维耶斯广州分公司还侵犯了原告对于宣传文案享有的著作权。

同时，对于原告最为关注，也最为担心的被告方经营的各店铺与原告经营的店铺未达到高度相似时，能否判决其停止使用的问题，一审法院一方面认定两者“未达到实质性相似的程度”，因此被控侵权店铺既不侵害原告“MAXRIENY 奇幻城堡店铺形象”的著作权，也不构成《反不正当竞争法》第6条第1项规定的不正当竞争；另一方面，一审法院认定维耶斯公司、维耶斯广州分公司构成《反不正当竞争法》第6条第4项规定的引人误以为是他人商品或者与他人存在特定联系的不正当竞争行为，应承担相应的侵权责任，理由如下：

(1)云创公司提交的证据证明其公司直营或特许加盟开办94个专卖店，专卖店遍布全国多个城市，云创公司通过各类网络平台、展会、媒体等渠道对“MAXRIENY 玛克茜妮”品牌做了大量广泛持续的推广，并获得了部分荣誉和奖项，据此认定“MAXRIENY 玛克茜妮”在全国范围内具有一定的规模及市场占有率，在女装行业内及消费群体中享有较高的知名度，属于《反不正当竞争法》第6条中的“知名商品”。

(2)云创公司自营或许可经营女装店的经营场所内所使用的装修装潢保

持了大体一致的视觉外观，即“MAXRIENY 奇幻城堡店铺形象”的店铺视觉观感，其目的是在经营过程中能起到与其他同类商家相区别、便于相关消费者识别的作用。因此，云创公司自营或许可经营女装店的装潢具有一定的特有性、区别性、显著性，可供消费者通过店铺装潢与其他人经营的女装店区别开来。

（3）单独看店铺装潢，维耶斯公司自营及许可加盟女装店的店铺装潢与云创公司店铺装潢风格相似。虽未达到实质性近似的程度，但在设计元素、色彩观感上较为相似。

（4）除店铺装潢与云创公司店铺装潢风格近似之外，维耶斯公司自营的女装店销售侵犯云创公司著作权的服装。其许可加盟的斐格斯花都店销售有与云创公司商品近似的服装，俪旺采店同时销售云创公司服装和维耶斯公司服装。

（5）维耶斯公司宣传文案侵犯云创公司宣传文案的著作权。结合维耶斯公司、维耶斯广州分公司女装店所售服装侵犯云创公司服装的著作权、公司宣传文案侵犯云创公司宣传文案著作权和双方装潢中的相同要素，对于普通消费者而言，在隔离状态下，施以一般注意力，足以使普通消费者对维耶斯公司女装店及其加盟店与云创公司女装店产生混淆，误以为是该店商品系云创公司商品或者与云创公司存在特定联系。

（6）遇见店、佩珊店的经营者，俪旺采店、蔻拉店的实际控制人均曾与云创公司存在数年的联营合作关系，其均在与云创公司停止加盟后与维耶斯公司合作。

（7）维耶斯公司与云创公司同属于服装设计及销售行业。被告维耶斯公司此前的店铺形象为简欧风格，后续发布的店铺形象风格、色调发生显著改变，大量使用云创公司店铺形象中的枯树、干花、鸟笼等元素。

综上所述，这些因素足以使人相信维耶斯公司在主观上有搭成功经营者便车的意图，不是在公平、正当地竞争，有违经营者应当遵循的公平诚实信用原则。

一审法院还判决被告维耶斯公司停止侵权并赔偿原告云创公司经济损失及为制止侵权行为所支出的合理维权费用。

双方基于各自的考虑均提起上诉，二审法院审理后对双方的上诉理由均予驳回，从而维持了对原告有利的一审判决结果。

典型意义

店铺装潢权利保护的法律依据主要是《反不正当竞争法》第 6 条第 1 项关于“擅自使用与他人有一定影响的商品名称、包装、装潢等相同或者近似的标识”以及《最高人民法院关于审理不正当竞争民事案件应用法律若干问题的解释》第 8 条①关于“由经营者营业场所的装饰、营业用具的式样、营业人员的服饰等构成的具有独特风格的整体营业形象，人民法院可以认定为反不正当竞争法第六条第一项规定的‘装潢’”的规定。

本案中，法院认为被诉侵权店铺与原告经营店铺未达到实质性近似的程度，从而判定被控侵权店铺既不侵害原告“MAXRIENY 奇幻城堡店铺形象”的著作权，也不构成《反不正当竞争法》第 6 条第 1 项规定的不正当竞争，案件陷入“山重水复疑无路”的困境，原告在其最关注的让被告方的相关店铺改变装潢的诉讼目的面临落空的风险。

同时，由于原告云创公司知名度高、显著性强，结合被告维耶斯公司、维耶斯广州分公司在风格相似的店铺中售卖多款侵犯云创公司著作权的服装，抄袭云创公司宣传文案，不能对店铺形象显著改变作出合理解释等因素，从具有竞争关系、混淆可能性、主观恶意等方面综合分析，最终认定被告的行为构成不正当竞争，达成了委托人最重要的诉讼目的，也为遇到仿冒类不正当竞争的服装企业探索了新的维权思路和依据。

---

① 现对应《最高人民法院关于适用〈中华人民共和国反不正当竞争法〉若干问题的解释》第 8 条。

如何通过取证确定被告经营主体以及避免侵权证据灭失

——北京爱课堂教育科技有限公司诉聊城经济技术开发区学之道教育培训学校有限公司著作权侵权纠纷著作权侵权案*

北京市盈科(济南)律师事务所　胡兵杰

所获荣誉

聊城市中级人民法院“2021年聊城市知识产权司法保护十大案例”。

案情简介

原告经授权取得“快乐作文”品牌的独家使用权。原告经调查发现被告未经许可,擅自在其经营的培训学校场所、微信公众号、培训教材上使用原告享有著作权的美术字“快乐作文”、美术作品“两个人形笑脸及书”进行招生、宣传等商业活动,故通过公证处以及时间戳对上述被告的经营行为进行证据保全,原告认为被告侵犯了原告的著作权,故向法院提起诉讼,请求法院判令被告停止侵权并赔偿经济损失及合理支出。经法院审理认定,本案中,涉案美术作品,两个人形笑脸及书图形及快乐作文美术字被长期用于《快乐作文》杂志封面,版权页载明河北出版传媒集团有限责任公司为主管单位,其经对报刊资源进行整合,将《快乐作文》杂志社全部实物资产、债权

* 聊城市中级人民法院:(2021)鲁15民初150号。

债务及职工一并转入河北阅读传媒，美术作品两个人形笑脸及书图形及快乐作文美术字的著作权应当归河北阅读传媒享有。原告经河北阅读传媒授权，有权对侵犯涉案美术作品著作权的行为提起诉讼，主体适格。被告未经许可，在经营活动的牌匾、楼梯、宣传栏、二维码、微信公众号、宣传单上大量使用涉案美术作品，两个人形笑脸及书图形及快乐作文美术字，侵犯了河北阅读传媒对上述美术作品两个人形笑脸及书图形及快乐作文美术字的复制权和发行权，应承担停止侵权、赔偿损失的民事责任。

办案策略及律师工作

首先，本案需要分析清楚案涉美术作品的著作权权属问题，因为涉及职务作品以及前后著作权人主体的变更，办案律师按照时间先后顺序将涉及著作权变更的行为一一列清，并通过整理证据目录清晰地罗列清楚，可以让负责审理本案的法官一目了然。

其次，本案被告已知悉原告起诉了其他的侵权人，故已经有所警觉，因此，需要第一时间对被告经营场所和经营行为进行证据保全，办案律师团队人员前往经营场所，通过时间戳对案涉场所以及被告的经营行为进行了取证，对案涉场所有关案涉著作权的装饰物等进行了证据保全，又通过咨询报名的方式，取证了被告的经营行为，以确保证据不会灭失。

最后，本案还有个困难点就是由于被告的场所内没有悬挂营业执照，通过现有证据无法确定经营主体，无法确定被告信息，需要进一步确认经营主体，团队人员又通过与场所内的经营人员沟通，取得了宣传手册、报名代金券以及负责人的电话和名片，加了负责人的微信好友，最终通过电话、地址、微信以及负责人名称确定了准确的经营主体，在开庭时被告以主体不适格抗辩时，原告代理人以充足的证据予以证明。

裁判要旨及结果

法院认为，根据《著作权法》第 11 条第 4 款的规定，如无相反证明，在作品上署名的公民、法人或者其他组织为作者。《最高人民法院关于审理著作权民事纠纷案件适用法律若干问题的解释》(2020 年修正)第 7 条规定,当事人提供的涉及著作权的底稿、原件、合法出版物、著作权登记证书、认证机构出具的证明、取得权利的合同等,可以作为证据。在作品或者制品上署名的自然人、法人或者非法人组织视为著作权、与著作权有关权益的权利人,但有相反证明的除外。本案中,涉案美术作品,两个人形笑脸及书图形及快乐作文美术字被长期用于《快乐作文》杂志封面,版权页载明河北出版传媒集团有限责任公司为主管单位,其经对报刊资源进行整合,将《快乐作文》杂志社全部实物资产、债权债务及职工一并转入河北阅读传媒,美术作品两个人形笑脸及书图形及快乐作文美术字的著作权应当归河北阅读传媒享有。原告经河北阅读传媒授权,有权对侵犯涉案美术作品著作权的行为提起诉讼,主体适格。被告辩称原告不具有本案的主体资格没有事实与法律依据,法院不予支持。

被告未经许可,在经营活动的牌匾、楼梯、宣传栏、二维码、微信公众号、宣传单上大量使用涉案美术作品,两个人形笑脸及书图形及快乐作文美术字,侵犯了河北阅读传媒对上述美术作品,两个人形笑脸及书图形及快乐作文美术字的复制权和发行权,应承担停止侵权、赔偿损失的民事责任。关于侵权赔偿数额,原告未提供侵权受损或被告侵权获利的直接证据,法院将根据涉案作品的类型、侵权行为的性质、被告使用涉案作品的方式和原告为维权所支出的合理费用等因素,酌情确定为 25,000 元。

综上所述,依照《著作权法》第 10 条第 1 款第 5 项和第 6 项、第 2 款,第 11 条,第 48 条第 1 款第 1 项,第 49 条;《最高人民法院关于审理著作权民事纠纷案件适用法律若干问题的解释》(2020 年修正)第 7 条、第 25 条第 2 款、第 26 条规定,判决如下:

1. 被告聊城经济技术开发区学之道教育培训学校有限公司立即停止使用美术作品,两个人形笑脸及书图形及快乐作文美术字的行为;

2. 被告聊城经济技术开发区学之道教育培训学校有限公司于本判决生效之日起10日内赔偿原告北京爱课堂教育科技有限公司经济损失及合理开支共计25,000元；

3. 驳回原告北京爱课堂教育科技有限公司的其他诉讼请求。

典型意义

《著作权法》保护的美术作品需具有一定的独创性。涉案两幅美术作品为以异形文字、图形及文字组合形成的具有设计感的图案，凝结了设计者的思想和情感。该案中，被告未经许可，在其经营场所内大量使用涉案美术作品，侵犯了著作权人的复制权和发行权。该案充分体现了对独创性美术作品的保护，起到了激励公众创作、激发创新活力的作用。

商标、包装装潢被他人抢注，通过主张在先权利获法院全额判赔的诉讼思路

——潮州市潮安区琥珀食品有限公司与广东省利泰食品有限公司、林某来著作权侵权及不正当竞争纠纷案*

北京市盈科（济南）律师事务所　王召猛　安　畅

所获荣誉

济宁市中级人民法院"2022年度十大知识产权审判典型案例"。

案情简介

原告潮州市潮安区琥珀食品有限公司（以下简称琥珀公司）成立于2014年6月10日，其发起人及原始股东为潮安县庵埠梅溪琥珀食品厂（以下简称琥珀食品厂）成立于2001年6月15日，投资人为洪某全；洪某全为粤作登字－2020－L－00002072号琥珀系列1作品的作者，该作品共包含两组四幅图片，是原告法人洪某全与设计师詹某娜合作创作的作品，作品完成时间为2003年8月23日，首次发表日期为2003年9月1日，著作权登记日期为2020年8月20日，该作品被洪某全用于涉案产品琥珀小米锅巴的外包装袋封面，涉案商品畅销多年，具有极高的市场知名度和消费者喜爱

* 济宁市中级人民法院：(2021)鲁08民初78号民事判决书。
山东省高级人民法院：(2022)鲁民终2514号民事判决书。

度。后作者洪某全授权原告琥珀公司为上述作品的独占许可人。被告利泰公司成立于2019年，成立时为一人有限公司，被告林某来为被告利泰公司的股东，被告方主张其享有与我方享有著作权作品基本一致的第5020128号图形商标专用权及“奇郎”牌小米锅巴作品的著作权。

原告琥珀公司生产销售的“琥珀小米锅巴”经过多年的宣传，已在全国范围内享有较高的市场知名度，其产品长年使用固定的包装、装潢，并经其长期宣传推广已被公众熟知，属于《反不正当竞争法》保护的有一定影响的商品特有包装、装潢。被告生产销售的“奇郎”牌小米锅巴与原告享有著作权的琥珀小米锅巴外包装、装潢基本一致，构成著作权侵权及不正当竞争。原告遂起诉至法院，请求法院判令被告停止著作权侵权及不正当行为并赔偿原告经济损失及合理开支共计51万元。

办案策略及律师工作

本案原告涉案作品完成时间为2003年8月23日，首次发表日期为2003年9月1日，著作权登记日期为2020年8月20日。被告于2005年11月23日申请了与涉案作品相似的系列图案商标，于2017年完成了与涉案作品相似的系列图形作品的著作权登记。原告在本案一审诉讼提起前，先以被告2005年申请的商标侵犯其在先著作权为由，多次向国家知识产权局提出商标无效宣告请求，均被裁定驳回。后原告就涉案作品申请注册两个图案商标、两个外观专利，被告以损害他人现有的在先权利为由，对上述原告申请的商标提起异议，原告申请注册的商标经复审后仍不予核准注册，被告又以同样理由对外观专利提起无效宣告请求，致使原告申请的外观专利权全部无效。至此原、被告双方之间诉讼拉锯战持续多年，均以我方败诉告终。

本案至此，我方接手代理，经过分析现有材料及全部案件情况，认为本案维权的关键点在于著作权在先权利的证明，被告主张其在2005年11月23日即申请了涉案作品的图形商标，那么我方要提供有力证据证明在被告商标申请日期之前本案涉案作品已经被原告创作完成并公开发表，针对该点我方提交产品检验报告公证书、《凹印制版委托书》等多份证据，均可证明涉案作品在2005年5月1日就已经公开发表使用,也足以证明作者洪笃全最早取得著作权的时间在2005年5月1日之前。同时,我方针对涉案作品来源及创作的灵感来源也作出了进一步的补充证明。

被告与原告企业同为食品行业生产者,且与原告企业处于同一乡镇,被告恶意抢注他人享有在先著作权作品的图案商标,投入生产经营并通过线上平台在全国范围内销售涉案侵权产品,侵权范围广,具有明显的侵权恶意,情节严重。我方经调查取证,对其中17家店铺进行了证据保全,作为本案的侵权证据认定。

将我方生产的产品外包装与取证的侵权产品外包装进行比对,发现除上述涉案作品的图案以外的外包装部分构成近似,二产品的区别点在于我方产品外包装上印制“琥珀”字样,而侵权产品外包装上印制“奇郎”字样。被告使用与我方产品包装、装潢基本一致的外包装作为其产品的包装、装潢,足以使一般消费者对二者产品产生误认,根据《反不正当竞争法》及司法解释的规定,被告的行为构成不正当竞争。我方在本案中同时主张被告停止生产、销售与我方特有包装、装潢相同或近似的包装、装潢的产品,同时,我方收集提交大量产品包装、装潢知名度相关的证据加以证明被告构成不正当竞争的主张。

裁判要旨及结果

本案一审法院济宁市中级人民法院于2022年7月28日作出(2022)鲁08民初78号一审判决,判决全额支持我方诉讼请求。后被告上诉至山东省高级人民法院,山东省高级人民法院于2023年1月13日作出(2022)鲁民终2514号判决,判决驳回上诉,维持原判。

本案系法院全额支持原告赔偿请求的典型案件。被告作为与原告企业在同一乡镇生产销售同类产品的企业,理应知晓原告公司已在先使用涉案作品作为包装、装潢,其侵权行为应认定为恶意。本案判决全额支持原告的诉讼请求，彰显了严格依法保护知识产权、严厉打击侵权行为的鲜明司法态度。

典型意义

1. 关于本案的著作权侵权问题。我国著作权登记遵循自愿登记原则，著作权登记证书中的内容系登记机构根据当事人的自述填写，登记机关并不作实质性审查，因此我方作为原告在审理中另补充大量涉案作品创作和在先公开发表使用作品的相关证据，来对该作品的创作时间及事实加以佐证。相反，被告利泰公司、林某来主张其享有“奇郎”牌小米锅巴著作权的作品的创作完成时间及首次公开发表时间均在我方作品公开发表使用多年后，且被告主张其享有第 5020128 号图形商标的申请注册时间也在我方作品公开发表使用半年以后，因此，一审、二审法院均认定我方享有涉案作品“琥珀系列作品 1”的著作权并判令被告停止相关侵权行为并赔偿。

2. 关于本案被告是否侵犯我方琥珀公司特有的包装、装潢，构成不正当竞争问题。根据《反不正当竞争法》第 6 条第 1 款及《最高人民法院关于适用〈中华人民共和国反不正当竞争法〉若干问题的解释》第 4 条的规定，主张构成不正当竞争需提供权利方具有一定影响力的证据，我方作为原告提供大量企业和产品对外宣传推广、资质荣誉获奖、消费者认可度等相关市场知名度证据，经法院审理认定被告构成不正当竞争行为并判令停止相关侵权行为并赔偿。

3. 本案在此次民事侵权纠纷一审起诉前，原、被告之间多年来持续进行多场商标、著作权及专利无效案件的确权诉讼，均以我方代理的原告琥珀公司败诉告终。

被告在本案中主张其为包含第 5020128 号图形商标在内的共计 6 个商标的商标权人，商标申请日期为 2005 年 11 月 23 日，因第 5020128 号商标的卡通形象与原告琥珀公司在先公开发表的“琥珀系列 1”作品中的卡通形象除服装颜色有所区别外，在整体视图上基本一致，遂原告琥珀公司向国家知识产权局提起以上商标无效诉讼请求，国家知识产权局以琥珀公司提起无效宣告请求距离以上争议商标获准注册均超过 5 年的法定申请期限为由裁定本案涉案图形在内的商标予以维持。

其后，我方琥珀公司及相关权利人洪某全以本案涉案作品中的卡通人物申请注册商标，被告林某来等人主张其与他人在先注册图形商标核定使用商品存在关联并侵犯其在先的著作权为由提出异议，国家知识产权局也以洪某全此次商标注册损害他人现有的在先权利为由而不予核准注册。

原告在以上几次商标无效请求及确权诉讼中均败诉后，另就本案涉案产品的外包装申请了两个外观设计专利，同样因本案被告林某来以其抢注我方享有著作权图案商标及其他外观专利的异议申请，国家知识产权局对我方申请的外观专利权作出全部无效决定。至此，在本案民事侵权起诉前，原、被告之间持续多年的多次行政诉讼拉锯战均以我方败诉告终。

因商标异议复审程序等审查时只需书面审理，本案被告在以上多个商标评审案件中伪造 2005 年 5 月 1 日前相关检验报告证据，被告以该份伪造的检验报告来证明其享有在先权利，致使国家知识产权局作出错误的认定。虽然被告方在以上商标评审案件中均胜诉，但在本次民事侵权中，诉讼被告方对上述能证明其享有在先权利的重要证据却不敢向法庭提交，恰恰证明被告方的主张的在先权利事实并不属实。本案经一审、二审全面审理，最终全部支持了我方的诉讼请求。

政府资金扶持技术攻关项目认定知识产权侵权的要件及责任承担

——刘某、柴某某、深圳某大学与深圳某科技股份公司、某半导体公司著作权权属侵权纠纷案*

北京市盈科(深圳)律师事务所 葛素华 唐海佳

所获荣誉

深圳市律师协会“2020 年度深圳律师承办知识产权十大典型案例”。

案情简介

委托人刘某在先创作完成《功率 LED 共晶焊工艺及服役效能关键技术攻关》(以下简称涉案作品)及其他申报资料,2013 年发给被告二深圳某大学的原教授被告一柴某某,二被告使用涉案作品申报深圳市科创委 2013 年深圳市技术创新计划技术开发项目。被告一柴某某在 2014 年向委托人刘某保证不用其科研成果,但联合被告三深圳某科技股份公司、被告二、被告四某半导体公司共同使用涉案作品申请“2014 年深圳市技术创新计划技术攻关项目”,后申报成功。被告三获得深圳市科创委 400 万元的项目科技研发资金,项目三年预期产业经济指标 1.6 亿元。2017 年涉案项目验收成功。

根据作品侵权比对表,被控侵权作品直接使用涉案作品的图片及表格,

---

* 广东省高级人民法院:(2019)粤民终 1586 号民事判决书。

文字相同部分达60%以上,其中目录部分、文字序号1~7、9~11、13几部分内容相同或近似。委托人认为,四被告的行为侵害了其对涉案作品所享有的署名权和复制权,并给原告造成了包括名誉、预期可得利益等在内的一系列损失。2016年10月27日,委托人以四被告侵害其著作权为由,提起本案诉讼,请求判令四被告停止侵权、赔偿损失、赔礼道歉并消除影响。

高等院校是学术的圣殿,企业是市场活动的主体,但科研成果的剽窃不仅剥夺了作者对作品表明身份的权利,也减损了其所应得的名誉,同时扰乱了政府技术创新计划技术攻关项目的正常秩序,破坏创新创造的营商环境,进而损害司法公正。本案自2016年10月27日立案至二审判决共历时4年,审理周期长。案涉深圳市科技创新委员会市级技术创新计划技术攻关项目的著作权侵权问题,被告方包括大学教授、高等院校、上市公司等多个主体具有一定影响力。案情错综复杂,两审法院经过6次公开开庭审理,最终判决停止侵权及赔偿经济损失等。

该案著作权纠纷所涉作品属于当时科技创新领域具有较高价值的可实施方案及论证报告,在多个被告具有接触的前提下,仍然不当获取、以实质性相似的论文作品进行共同申报,并成功获得政府项目资助的情况下,侵害了科研作者的署名权和复制权。该案明确政府类项目申报材料不属于法人作品,产学研背景下的作品使用属于商业行为而非合理使用,认定著作权侵权成立,据此该案也成为深圳市"首例"政府资金扶持项目活动中被认定侵害他人知识产权的司法案件。

办案策略及律师工作

本案围绕主要争议焦点"权利作品的独创性、是否为法人作品、侵害其何种权利、承担何种责任"进行诉讼策略的制定和具体实施,其中胜败的核心关键则在于四被告"是否侵害委托人的涉案作品著作权,若构成侵权,侵害其何种权利"。

1. 原告请求保护的作品是否具有独创性。

具体措施:通过研究类似案例,分析涉案作品,结合论文查重报告展开论述。

代理思路:涉案权利作品《功率LED共晶焊工艺及服役效能关键技术攻

关》的独创性具体表现：一方面，从涉案作品的构思上看，属于高价值的科研成果，其核心包含产业的关键技术瓶颈及其具体解决的方法与手段，技术方案实施的结果是具有多项自主知识产权的专利技术，且技术攻关项目的落脚点是多种新产品；另一方面，从涉案作品的内容上看，项目实施的背景和意义、技术发展趋势及国内外发展现状、项目主要研究内容、预期目标、实施方案、项目进度计划中的内容，都体现出作者对文章内容的精心设计、取舍与安排。因此，涉案作品具有较高的独创性且具有较大的科研价值。

2. 涉案作品是否属于法人作品。

具体措施：通过大量案例和著作分析“科研类”法人作品的构成要件，结合涉案作品的创作过程，详细展开论述。

代理思路：涉案作品为文字作品。在判断某一署名是否属于作者署名时，应当综合考虑以下因素：作品的性质、作品的类型、作品的表现、使用形式、行业惯例、公众的认知习惯等。涉案作品的作者是委托人刘某，系其创作完成后通过电子邮箱的形式发送给被告一柴某某，在后者未提供证据证明涉案作品系其创作的，涉案作品上的申报单位显示被告二深圳某大学，并不能代表著作权人便是被告二单位。综合本案证据，被告一并未参与或独立创作过涉案作品，其修改仅限于《可行性报告》的申报主体信息，并未对涉案作品有任何实质性的贡献。在被告二并未有相关证据证明涉案作品系由其主持创作的情形，退一步讲，即便被告有证据证明涉案作品系其创作，但被告一仅为被告二员工，也非代表单位的意志创作，进而两被告主张 2013 年深圳市技术创新计划技术开发项目名为“LED 共晶焊工艺及服役效能关键研究项目”的《可行性研究报告》属于法人作品没有事实及法律依据。涉案作品的作者是原告，而非属于被告二的法人作品。

3. 四被告实施的被诉行为是否侵害刘某的涉案作品著作权，其抗辩事由是否成立。

具体措施：（1）向法院申请调取（2015）深南法知民初第 286 号案件（本案

关联商业秘密侵权案）的庭审笔录和双方提交的证据，并提交作为被控侵权作品作为证据。（2）将涉案作品与被控侵权作品进行比对，通过文档文本比对功能，针对二级以下目录及其文档文字部分，并附上图片表格，标注相同及近似部分，同时在相同及近似内容中筛选出公知抗辩内容，形成最终的侵权比对意见表。

代理思路：

首先，四被告实施了侵权行为。2013 年 3 月 21 日，被告一柴某某和被告二深圳某大学剽窃涉案作品，一字不落地使用原告权利作品（仅将原申报主体之一的“北 ×”变更为“因 × ×”）向深圳市科创委申报项目；2014 年 5 月 13 日，被告三深圳某科技股份公司为主申请人，联合被告二深圳某大学、被告四某半导体公司使用被控侵权作品共同向科创委申报“2014 年深圳市技术创新计划技术攻关项目”。2013 年首次申报材料仅修改了申报单位信息，其余内容与原告涉案作品相同。根据侵权比对意见表，被控侵权作品直接使用涉案作品的图片及表格，文字相同部分达到 60% 以上，其中二级目录部分、文字序号 1 ~ 7、9 ~ 11、13 儿部分内容相同或近似，从整体上与涉案作品构成实质性相似。因此，四被告未经许可擅自复制原告未发表的涉案作品申报深圳市科技创新项目，其申报政府专项资金并用于企业生产经营活动中属于盈利行为，大面积剽窃不符合少量使用，其行为亦影响了原告对涉案作品的正常使用，不符合合理使用的法定情形，侵害了原告对涉案作品所享有的署名权和复制权。

其次，四被告辩称诉讼时效经过理由不能成立。（1）2014 年 5 月 13 日联合申报 2014 年项目，2014 年 7 月该项目被通知批准立项，但项目申报可行性报告并未对公众公开。（2）广东省深圳市南山区人民法院于 2015 年 3 月 11 日立案受理商业秘密纠纷一案，原告刘某在该案件受理之前尚不知道著作权被侵害，至其 2016 年 10 月 27 日提起本案诉讼，未超过诉讼时效。

最后，四被告辩称侵权作品系法人作品的理由不能成立。（1）无证据表明柴某某或深圳某大学对该报告的立意、日程安排、创作进程等提出过要求，或者对该报告的结构编排、撰写思路、内容取舍等进行了具体指示。(2)与之相反，原告创作2013年可行性报告的自由度很高，对该报告的形成作出了主要贡献。(3)2013年项目申报主体为深圳某大学是基于深圳市科创委关于申报项目的主体必须具备独立法人资格的形式要求，这并不必然意味着相关项目申报材料所产生的责任只能由深圳某大学承担。

4. 一审法院确定的相关侵权责任是否合理。

具体措施：查阅并提交被告三年报中关于涉案项目的产品利润率及销售额。

代理思路：被告未经许可使用涉案作品，应当承担停止侵权和赔偿损失的责任。知识产权司法保护的关键环节是正确确定民事责任形式和范围，在有效制止侵权行为的同时，弥补权利人遭受的损失，使权利人的合法权益得到充分、有效地保护。

通过承办律师归纳的以上1~4项具体措施和代理思路，确凿无疑地证明了本案的核心要点——被控侵权作品与涉案作品构成实质性相似，两审法院均认可2014年项目申报材料侵害了原告就2013年可行性报告享有的复制权和署名权，从而判定几被告承担停止侵害并赔偿经济损失的法律责任。

裁判要旨及结果

二审法院认为本案核心问题为关于深圳某大学、柴某某实施的被诉行为是否侵害原告的涉案作品著作权，二被告上诉理由是否成立。

1. 关于2014年项目申报材料。被诉2014年可行性报告与2013年可行性报告相比，前者除增加部分三级子目录外，与后者的二级及以下子目录基本相同；二者在正文表述的项目实施的背景和意义、技术发展趋势及国内外发展现状、项目预期目标、项目实施方案等核心部分亦存在大量相同内容（详见一审法院查明事实部分的目录及其他文字部分对比内容），故二者构成实质性相似。深圳某大学未经2013年可行性报告的著作权人许可,使用与该报告实质性相似的被诉2014年可行性报告用于项目申报,且未在申报材料上标注原告为作者,侵害了原告就2013年可行性报告享有的复制权和署名权。

2. 深圳某大学、柴某某上诉称,2014年项目申报材料包括项目申请书及被诉2014年可行性报告等,其中最核心的部分是项目申请书,原告诉请保护的内容在申报材料中所占比例极其微小,根本不构成侵权认定比例。对此二审法院认为,首先,被诉侵权文本对他人作品的使用比重与其是否侵害他人著作权之间没有必然关联。且原告在本案中诉请认定构成著作权侵权的文本为被诉2014年可行性报告,而非2014年项目申报的所有材料,故不应将2014年项目申报材料整体作为侵权认定的比对对象。无论2014年项目申报材料对于2013年可行性报告的使用所占比重如何,均不影响前述关于被诉2014年可行性报告构成著作权侵权的认定。其次,被诉2014年可行性报告是否申报材料的核心部分,与该报告是否侵害原告就2013年可行性报告享有的著作权亦无必然关联。无论2014年项目申请成功的关键在于项目申请书还是被诉2014年可行性报告,都不可否定原告依法享有的著作权。只要深圳某大学在未经原告许可的情况下,使用了与2013年可行性报告构成实质性相似的被诉2014年可行性报告,即构成著作权侵权。故深圳某大学、柴某某关于相关文字所占比例微小,不足以认定侵权的上诉理由不能成立,二审法院不予支持。

3. 深圳某大学、柴某某据《著作权法》第22条的规定还上诉称,被诉2014年可行性报告对原告涉案作品的使用属于科研中的合理使用,不构成侵权。二审法院认为,首先,从本案相关证据来看,深圳某大学等成功申请2014年项目后获得了资助资金,在该项目验收通过后投产获得了经济利益。可见深圳某大学等对于2013年可行性报告的使用既非单纯地为了科学研究,也非仅供科研人员使用,而是为了通过相关技术的研发、转产来获得商业利益。其次,2013年可行性报告既非已发表的作品,被诉2014年可行性报告也并非对

2013 年可行性报告的少量复制。因此，深圳某大学等实施的相关被诉行为不属于科研中的合理使用，二审法院对深圳某大学、柴某某该项上诉理由亦不予支持。

综上所述，被控侵权作品与涉案作品存在大量相同内容，二者构成实质性相似，深圳某大学、柴某某的行为侵害了涉案作品的署名权和复制权，其不侵权抗辩及合法来源抗辩均不成立，应该承担相应法律责任。深圳市中级人民法院一审认定 2014 年申报项目材料侵害了原告的著作权，判令停止侵害并赔偿经济损失及维权合理开支。广东省高级人民法院二审对此进行了维持判决。

典型意义

广东省深圳市律师协会 2020 年度深圳律师承办知识产权十大典型案例。本案是自《深圳经济特区知识产权保护条例》(2019 年) 施行以来，“首例”深圳市政府资金扶持项目被认定侵犯他人知识产权的司法案件。该案进一步明确技术攻关项目申报材料不属于科研单位法人作品，产学研合作中不属于科研类合理使用，最终两审法院判决认定侵权成立并予以赔偿。

如何认定“十大××”的排名是否构成不正当竞争

——深圳红门智能科技股份有限公司诉佛山中出网科技有限公司商标侵权及不正当竞争纠纷案*

北京市盈科(深圳)律师事务所　王华永

所获荣誉

深圳市律师协会“2021年度深圳律师承办商标权十大典型案例”。

案情简介

A公司当选由B公司、C公司举办的“中国十大品牌”评选活动中的“中国十大品牌”,而D公司作为活动的冠名商,亦当选“中国十大品牌”。A公司认为评选活动主办方B公司、C公司未经其许可,将其他与其经营范围相同或者上下游的企业一起作为十大品牌评选活动的参评主体,使其他企业在获得十大品牌的参评主体资格后,利用该评选活动进行宣传涉嫌侵权。A公司从该评选活动的评选程序本身、评选活动的具体内容、评选活动的结果等角度进行取证,向法院起诉B公司、C公司侵犯了其享有的注册商标权,存在恶意攀附其商标知名度,违反诚实信用原则和公认的商业伦理的行为,损害了A公司及相关公众的利益,是《反不正当竞争法》第2条原则性条款规定的不正当竞争行为。

---

* 最高人民法院:(2021)最高法民申6916号。

办案策略及律师工作

作为一审被告、二审被上诉人、再审被申请人的代理人，本所代理律师主要从包括但不限于以下几方面进行抗辩：

1. B 公司、C 公司并未侵犯 A 公司的商标权；

2. A 公司未提交出入口设备行业通行的、经营者普遍认可的有关评选活动的行业惯例、经营规范，应承担不利后果；

3. B 公司、C 公司从事的评选活动并未违反诚实信用原则，未扰乱市场竞争秩序，更没有损害 A 公司及其他经营者和相关公众的利益，不属于不正当竞争行为。

通过收集行业协会证明、其他行业的评选类活动等相关资料来证明活动本身的正当性。

裁判要旨及结果

法院认为本案核心问题为原告起诉是否构成重复诉讼。

法院生效裁判认为：《反不正当竞争法》第 2 条为原则性条款，概括性较强，具有较大的不确定性，过度适用可能会造成对公有领域的不当使用和对竞争自由的过分限制，不利于充分发挥竞争机制的积极作用，但过严把握又可能不利于对竞争者合法利益的保护和对竞争秩序的维护，妨碍市场经济健康有序发展。故在具体案件的审理过程中，应根据案件的实际情况，综合考虑特定市场领域的环境与特点，对被诉行为的正当性、是否对其他经营者和消费者的合法权益造成实际损害等问题进行合理评判。

A 公司上诉理由主要为一审法院关于涉案评选活动是否具有不正当性及是否造成损害后果的认定有误。对此，法院评析如下：

1. 关于涉案评选活动是否具有不正当性的认定：A 公司上诉主张从主办方性质、评选对象覆盖性、是否从评选活动中获取经济利益、评选对象与主办方的关系、评选规则、评选委员会的设立和组成、评选称号、评选结果等因素，可以认定涉案评选活动不具有正当性。法院认为，第一，从主办方的行为性质来看。首先，B公司、C公司属于个人投资企业，主要提供技术开发及咨询、信息技术推广等服务，系以营利为目的的市场参与主体。涉案评选活动虽然不直接以促成商业交易及获取利润为目的，但是其通过该活动可以吸引市场关注度及提升网站的知名度，进而获取现实或潜在的商业机会及商业利益，故B公司、C公司举办涉案评选活动的行为仍属于市场经营行为。而我国现行法律规定并未禁止一般的商事主体举办该类评选活动。其次，B公司、C公司举办涉案评选活动，必然会产生相应的成本，而通过收取冠名费的方式，一方面可以维系其技术服务的支出，另一方面冠名商亦可以通过冠名的方式，在具体活动中突出冠名商名称等，以达到宣传企业的效果，这种商业模式并不违反《反不正当竞争法》的原则精神或法律、行政法规的禁止性规定。而且从当前名目繁多的各类评选活动来看该种商业模式亦较为常见。综上，根据“法无禁止即可为”的私权行使理念，B公司、C公司采取冠名的方式举办涉评选活动并不当然具有可归责性。第二，从评选活动的具体过程（包括评选规则、评选对象、评选结果等）来看。首先，在出入口设备行业及相关评选活动这一特定的商业领域内，我国法律、行政法规并未规定明确、具体的行为规范或评选规则，双方亦未举证证明存在该行业或领域通行的、经营者普遍认可的有关评选活动的行业惯例、经营规范等。其次，根据日常生活经验及结合双方分别提交的其他评选活动的相关资料显示，现实生活中确实存在采取自主报名或推荐参选、网络投票或评选或网络投票加评委评分综合评选等多种形式的评选活动。而且，某一评选活动能否吸引全国范围内有影响力、知名度较高的企业参加，评选活动是否具有公信力，评选结果是否具有权威性等，更多地取决于举办方和该活动的竞争力及影响力、公众对该活动的认可度。从涉案评选活动的报名方式、评分方式及最终评选结果等来看，涉案评选活动的参与者范围有限，微信投票方式带有一定的主观性，且投票率较低、公众参与度不高等，这些均直接决定了该次活动的公信力及影响范围，但仅从活动本身并不足以证明涉案评选活动具有不正当性。因此，作为一种市场经营行为，涉案评选活选活动具有不正当性。因此，作为一种市场经营行为，涉案评选活动的评选规则是否合理、公平，影响的系该经营活动是否具有权威性和影响力，即该评选活动直接受到市场的评价和调节，并不需要司法过多干预。在无证据证明被诉行为违反商业道德和诚信原则的情况下，A 公司以涉案评选活动的评选规则不合理为由，主张涉案评选活动不具有正当性，依据不足，法院不予采纳。

2. 关于涉案评选活动是否造成损害后果的认定：第一，对市场党争秩序的影响。如前所述，涉案评选活动的参选者范围具有一定的局限性，投票范围、结果的客观性、活动影响的范围等均有限，上述因素直接决定了该活动不会对出入口设备行业或者相关评选活动行业的市场竞争秩序造成较大的影响力。因此，现有证据并不足以证明涉案评选活动会导致上述特定商业领域的经营者无法正常参与市场经营行为，或者对该领域的市场进入及退出机制、供求机制、价格机制、信息机制、信用机制、创新机制等市场竞争机制产生实际损害。第二，对 A 公司及其他经营者的影响。首先，从 B 公司、C 公司举办的历届评选活动的情况来看，自 2019 年起，由于 A 公司明确提出商标侵权，B 公司、C 公司未将 A 公司列入参选企业范围，是为了避免双方矛盾的进一步激化，该行为并无不妥。而此前的几届评选活动中，A 公司均获得相关的称号，可见 B 公司、C 公司并未在涉案评选活动中作出诋毁或贬低 A 公司品牌或企业商誉的行为。A 公司亦未提供相关证据证明涉案选举活动造成其品牌价值降低、商誉受损或其他损害后果。其次，涉案评选活动并未对出入口设备行业或者相关评选活动行业的市场竞争秩序造成不利影响，即并未影响上述领域的经营者正常开展经营活动及参与市场竞争。而且，基于商事主体的营利性本质，其开展各类市场经营活动的根本目的在于争取更多的商业机会及市场价额，以最终实现利益的最大化。因此，无论是 B 公司、C 公司、A 公司还是其他经营者，它们均会致力于提高自身经营活动对市场、对公众的影响力，以获得更多消费者及行业从业人员的认可。一方面，涉案评选活动在一定程度上会促使同类型评选活动的组织者，通过扩大活动的号召力、吸引更多知名企业参与设置更为公开、透明的评选规则、扩大公众的参与范围及参与度等逐渐形成一个或者数个该领域较有权威性的、公众认可度高的评选活动；另一方面，涉案评选活动也会促使从事出入口设备行业的经营主体，通过提高自身产品或服务质量等，在权威性、影响力较高的品牌评选活动中获得公众的普遍认可，从而提升企业的知名度和美誉度。最后，对消费者的影响。在日常生活中，各类市场主体开展的各种品牌评选活动种类繁多，但是并非所有的品牌评选活动都会得到消费者及该行业从业人员的普遍认可，一般的理性消费者本身亦会对各类评选活动有一定程度上的主观识别和自主判断，而并非盲目跟从。况且，消费者在选择具体的商品或服务时，更多的是关注品牌在内的特定商业标识、产品或服务的质量、售后服务、用户评价等。再结合涉案评选活动的举办者身份、公众参与度、影响力等实际情况，A 公司提供的证据并不足以证明涉案评选活动对消费者在选择交易对象时产生不恰当的限制或超出合理范围的错误引导，预害消费者自愿、公平、合理的交易权利。综上，A 公司关于涉案评选活动不具有正当性、损害各方利益，构成不正当竞争的上诉主张不成立，法院不予采纳。另外，鉴于上述法院已认定 B 公司、C 公司被诉行为缺乏构成商标侵权或者不正当竞争行为的相关法律要件、A 公司相关侵权主张不能成立，故依照《最高人民法院关于审理涉及驰名商标保护的民事纠纷案件应用法律若干问题的解释》第 3 条第 1 款第 2 项规定“在下列民事纠纷案件中，人民法院对于所涉商标是否驰名商标的审查：……（二）被诉侵犯商标权或者不正当竞争行为因不具备法律规定的其他要件而不成立”，涉案商标是否驰名已无审查的必要，故一审法院对此不予审查正确，法院予以确认。

典型意义

在生活中，无论是在报纸、杂志、网络上，还是学校、企业中，随处可见各式各样的评选活动。而本案正是由一项评选活动引发的，这也是国内首例争议焦点主要围绕涉案评选活动是否构成不正当竞争展开的案件。本案经历了一审、二审直至最高人民法院驳回A公司的再审请求，方为本案盖棺定论。

具有较高知名度的未注册商标法律保护途径

——满帮信息咨询有限公司诉江苏满帮物流有限公司侵害商标权及不正当竞争纠纷案*

北京市盈科(常州)律师事务所　邱　影　俞希玺

所获荣誉

常州市中级人民法院"常州法院2022年度知识产权司法保护典型案例"。

案情简介

2017年12月8日,新浪网发布的文章中首次提到"货车帮"与"运满满"两家合并组建新公司取名"满帮"。随后半年多时间,"满帮"标识被媒体广泛宣传,被《人民日报》等相继报道,并借助江苏满运软件科技有限公司(以下简称运满满公司)、贵阳货车帮科技有限公司(以下简称货车帮公司)广大的客户群体,影响力迅速提升,市场份额不断扩张,满帮集团也获得了物流行业独角兽、中国50家最具创新力企业等荣誉。2018年3月22日,贵阳市工商管理局颁发贵州满帮集团企业集团登记证,该证后被注销。

2018年12月28日货车帮公司在第39类货运、运输等服务上获准注册第27994331A号"满帮"文字商标;2019年4月7日,运满满公司在第39类商品打包、包裹投递等服务上获准注册第28115599号"满帮"文字商标。

---

* 江苏省常州市中级人民法院:(2022)苏04民终6088号民事判决书。

2020 年 4 月 21 日，货车帮公司在第 39 类货运、运输等服务上获准注册第 30743354 号“满帮 MAN BANG”图文商标。满帮信息咨询有限公司（以下简称满帮信息公司）于 2021 年 3 月 27 日受让上述三商标权。2022 年 1 月 21 日，货车帮公司、运满满公司声明满帮信息公司有权就上述商标转让前发生的侵权行为以自己的名义维权。

江苏满帮物流有限公司（以下简称江苏满帮公司）于 2018 年 7 月 5 日申请登记，于 2018 年 7 月 6 日注册成立，主要从事货物运输。满帮物流公司法定代表人宋某微信名为“满帮　物流（137xxxxxxxx）”，其微信朋友圈背景中的车辆车身印有“江苏满帮物流”字样，抖音账户名为“江苏满帮物流”，账户宣传页面中也标注“江苏满帮物流”。

宋某名片左上方印有“满帮物流”字样，下方标注“江苏满帮物流有限公司”。满帮信息公司认为上述突出使用“满帮”字样的行为构成商标侵权；江苏满帮公司在企业字号中使用“满帮”构成不正当竞争。

办案策略及律师工作

本案的案情相较于一般的商标侵权及不正当竞争的常见行为具有一定区别，本案权利人虽然拥有文字、图文商标的注册商标专用权，但碍于江苏满帮公司使用字号进行企业注册申请时间早于商标权利的申请时间，无法直接以商标侵权来要求侵权人变更企业字号。但是鉴于本案侵权人的行为具有不正当性，于是承办律师的办案策略是通过《反不正当竞争法》的规定来认定侵权人的侵权行为。

本案一审判决对于突出使用“满帮”字样的行为构成侵害注册商标专用权的认定是完全符合承办律师的预期的，但对于权利人要求侵权人变更企业字号的诉求，一审判决并未支持，权利人不服一审判决提出上诉。故此，二审的争议焦点就聚焦在侵权行为人的行为是否构成不正当竞争。

而是否构成不正当竞争行为的核心在于：涉案“满帮”标识的知名度和影响力是否足以达到《反不正当竞争法》司法解释中规定的“有一定影响的”标识的要求。于是，承办律师通过大量的证据检索和说理工作来支撑上诉意见：

1. 明确请求权基础。

(1)《反不正当竞争法》第6条:经营者不得实施下列混淆行为,引人误认为是他人商品或者与他人存在特定联系:……其他足以引人误认为是他人商品或者与他人存在特定联系的混淆行为。

(2)《最高人民法院关于适用〈中华人民共和国反不正当竞争法〉若干问题的解释》第4条第1款:具有一定的市场知名度并具有区别商品来源的显著特征的标识,人民法院可以认定为《反不正当竞争法》第6条规定的"有一定影响的"标识。

(3)《最高人民法院关于适用〈中华人民共和国反不正当竞争法〉若干问题的解释》第13条:经营者实施下列混淆行为之一,足以引人误认为是他人商品或者与他人存在特定联系的,人民法院可以依照《反不正当竞争法》第6条第4项予以认定:擅自使用《反不正当竞争法》第6条第1项、第2项、第3项规定以外"有一定影响的"标识。

(4)《最高人民法院关于审理注册商标、企业名称与在先权利冲突的民事纠纷案件若干问题的规定》第4条:被诉企业名称侵犯注册商标专用权或者构成不正当竞争的,人民法院可以根据原告的诉讼请求和案件具体情况,确定被告承担停止使用、规范使用等民事责任。

2. 应根据不同的时间对"满帮"标识采取不同的保护措施。

承办律师认为:对于"满帮"标识的保护应根据不同的时间对其采取不同的保护措施,具体来说:在其作为商标申请得以核准注册前,应将其作为有一定影响的标识通过《反不正当竞争法》予以保护;在其商标得以核准后,应将其作为注册商标通过《商标法》予以保护。

具体到本案中,权利人主张的"满帮"标识虽然在侵权人注册公司时仍未核准注册,但是该标识在此时已经构成"有一定影响"的标识,应通过《反不正当竞争法》予以保护。

3. 提供大量的证据证明“满帮”系《反不正当竞争法》规定的有一定影响的标识。

承办律师通过提供大量的“满帮”标识被使用的证据来证明，在江苏满帮公司成立之前，“满帮”标识就已经取得了一定的影响，符合《反不正当竞争法》所规定的“有一定影响”标识的认定条件。具体包括“满帮集团”的前身运满满公司及货车帮公司早在江苏满帮公司登记之日前就已经极具知名度，具有较高的影响力；运满满公司及货车帮公司合并成立“满帮集团”，被各大媒体报道，“满帮”系列软件用户数量巨大，影响力极广；权利人主张保护的“满帮”标识承继了运满满公司及货车帮公司的商誉及影响力，在短期内为公众所知悉，具有极高的影响力。

通过承办律师以上工作以及充分的举证，最终通过二审的改判支持了权利人关于不正当竞争的诉讼请求，判定江苏满帮公司不仅构成商标侵权，同时也构成不正当竞争。

裁判要旨及结果

法院认为：本案核心问题为江苏满帮公司使用“满帮”字号注册公司名称并在经营活动中突出使用“满帮”“”文字、图文商标的行为是否构成商标侵权行为及不正当竞争行为。

对商标侵权的认定比较清晰，江苏满帮公司法定代表人在其名片、自媒体账户页面等多处标注“满帮物流”“满帮物流”“江苏满帮物流”等字样，用于识别商品或服务的来源。江苏满帮公司是专业从事道路货物运输服务，与满帮信息公司在本案中主张保护的商标核定的39类商标属于相同或近似服务，容易使相关公众产生误认，因此江苏满帮公司的行为构成商标侵权。

对于认定是否构成不正当竞争，二审法院与一审法院观点不同。一审法院认为，通过认定商标侵权满帮信息公司的商标权益已经获得足够保护，无需再依照《反不正当竞争法》给予规制，江苏满帮公司注册“江苏满帮物流有限公司”作为公司名称并无不当，不构成不正当竞争。

二审法院则认为，依据《反不正当竞争法》第6条第4项、《最高人民法院关于适用〈中华人民共和国反不正当竞争法〉若干问题的解释》第13条的规定构成不正当竞争行为的要件主要有四个：(1)擅自使用了“有一定影响的”标识；(2)事实上混淆行为产生了引人误认的后果；(3)具有攀附商誉的主观故意；(4)违反了诚实信用原则和公认的商业道德。

“有一定影响的”标识的要件及其判断标准，《最高人民法院关于适用〈中华人民共和国反不正当竞争法〉若干问题的解释》第4条进行了明确，具有一定的市场知名度并具有区别商品来源的显著特征的标识可以认定为“有一定影响的”标识，而认定是否具有一定的市场知名度则需要综合考虑中国境内相关公众的知悉程度，商品销售的时间、区域、数额和对象，宣传的持续时间、程度和地域范围，标识受保护的情况等因素。在江苏满帮公司申请登记日即2018年7月5日之前，“满帮”标识最早是于2017年12月8日出现在媒体报道中，并在随后的半年多时间内，“满帮”标识在传统媒体及网络媒体被广泛宣传，影响力在短时期内迅速提升，销售范围覆盖全国，市场份额不断扩张，也获得了物流行业独角兽、中国50家最具创新力企业等荣誉。因此，从“满帮”标识首次出现在媒体到江苏满帮公司申请登记日之前，“满帮”标识通过实际使用、宣传推广等已经符合“有一定影响的”标识的要求，符合构成要件一。

江苏满帮公司在其抖音公开平台中使用“满帮”标识宣传推广过程中，大量的社会公众对其与满帮集团的关系发生了混淆，诸如一些评论“开始直营了”“不是运满满货车帮的称呼”“好家伙，满帮老总坐镇常州”等内容。可见江苏满帮公司的行为实际上已经使公众误认为其与满帮信息公司或关联公司存在特定联系，误导了相关公众，符合构成要件二。

同属物流行业，江苏满帮公司在申请登记时理应知晓“满帮”的知名度，其法定代表人也在庭审中陈述其对“满帮”由来的了解，但并未尽到合理避让的义务，擅自将“满帮”这一有一定影响力的标识用于注册企业名称，引人误以为其与满帮集团存在商业联合、许可使用、商业冠名等特定联系，具有攀附“满帮”商誉的主观恶意，符合构成要件三和构成要件四。

综上所述，江苏满帮公司的行为符合以上四个构成要件，构成不正当竞争，应该承担相应法律责任。

法院一审认定江苏满帮公司的行为构成注册专用商标权侵权，判令其停止商标侵权行为并赔偿满帮信息公司经济损失及合理费用5万元。常州市中级人民法院二审改判，江苏满帮公司的行为同时构成注册专用商标权侵权和不正当竞争，改判其停止商标侵权行为并停止使用现企业名称，并赔偿满帮信息公司经济损失及合理费用6万元。

典型意义

《最高人民法院关于适用〈中华人民共和国反不正当竞争法〉若干问题的解释》第13条明确规定，除《反不正当竞争法》第6条第1项、第2项、第3项明文规定的“有一定影响”的商品名称、包装、装潢、企业名称、姓名、域名主体部分、网站名称、网页等外，在规制混淆行为时，法律还保护有一定影响的其他标识、未注册的驰名商标及注册商标。除参考商标侵权判断的使用要件、近似要件、混淆要件外，“有一定影响”和“过错”是认定构成不正当竞争混淆行为的关键。而在判断实施混淆行为人是否有过错，即存在应知或明知、攀附商誉和恶意混淆的现实关系和行为时，具体可以结合权利人标识的知名度，原、被告之间的关系关联，被告不规范使用标识的行为方式和情节综合认定。

将他人在先注册的商标注册为企业名称，虽没有突出使用，但属于“足以引人误认为是他人商品或者他人存在特定联系的混淆行为”，可按不正当竞争行为处理。如果将他人尚未注册的有一定影响的其他标识注册为企业名称，足以导致混淆，也应认定为擅自使用“有一定影响的”其他标识的不正当竞争行为，本案便是这种情形。江苏满帮公司于2018年7月5日就申请登记了该企业名称，而权利人获准注册“满帮”

文字商标的时间为 2018 年 12 月 28 日。显然权利人仅凭其注册商标专用权无权要求江苏满帮公司停止使用其企业名称。权利人现依据其在 2018 年 7 月 5 日前已在先使用“满帮”标识且具有一定知名度的事实,要求确认“满帮”标识构成《反不正当竞争法》所保护的“有一定影响的”其他标识,江苏满帮公司对此应知或明知,从而推定江苏满帮公司在 2018 年 7 月 5 日申请登记企业名称时即具有攀附权利人商誉和恶意混淆的故意,构成不正当竞争。经过仔细审核证据,我们发现“满帮”标识最早出现是在 2017 年 12 月,因“货车帮”与“运满满”两家公司的影响力及广泛的媒体宣传报道,该标识在短短六七个月时间内在货运行业即已具有较高的知名度。江苏满帮公司擅自将“满帮”这一有一定影响的标识用于注册企业名称,足以导致他人产生混淆、误认,构成擅自使用“有一定影响的”其他标识的不正当竞争行为。

本案系适用《反不正当竞争法》混淆行为兜底条款的一起典型案例,通过正确适用《反不正当竞争法》及其司法解释的规定,厘清了侵权法律关系,制止了有悖于诚实信用原则和商业道德的经营行为,有利于进一步维护和规范公平竞争的市场秩序。

限制交易是否构成不正当竞争

——杭州格凯商贸有限公司诉广西玉柴机器专卖发展有限公司不正当竞争纠纷案*

北京盈科(杭州)律师事务所　钱　航　陈　梦

所获荣誉

杭州市中级人民法院“2020 年度杭州法院知识产权司法保护十大案例”；杭州互联网法院 5 周年“网络不正当竞争十大典型案例”。

案情简介

2018 年,本案原告杭州格凯商贸有限公司(以下简称格凯公司)中标了案外人发布汽车配件零库存采购项目,投标产品涉及被告广西玉柴机器专卖发展有限公司(以下简称玉柴公司)的多款配件,但中标价与招标最高限价差距悬殊,涉及玉柴公司品牌的产品存在大量投标价仅占最高限价 10% 或 20%。对此,作为国内知名机组配件生产商的玉柴公司为了维护专卖配件的市场秩序,2018 年 8 月 10 日向名下多家经销单位发送通报称格凯公司在经营中存在跨区域采购、恶意低价竞争的行为,要求体系成员不得向其提供该产品正品配件。

* 杭州铁路运输法院:(2019)浙 8601 民初 9 号民事判决书。
杭州市中级人民法院:(2020)浙 01 民终 293 号民事判决书。

格凯公司知悉该通告后认为玉柴公司的行为损害了其商誉,有悖于商业交易中的"自愿、平等"原则及商业道德,且利用市场优势地位限制其经销体系成员提供正品配件,违反了《反不正当竞争法》第2条的规定,遂起诉至杭州铁路运输法院(一审法院)要求玉柴公司停止限制交易行为、赔礼道歉消除影响、赔偿其损失4,976,168.7元、承担本案诉讼费用。

办案策略及律师工作

2019年年初玉柴公司收到起诉材料后,委托北京盈科(杭州)律师事务所钱航律师、陈梦律师应诉答辩。

就本案的处理,在听取了玉柴公司的陈述并进行了全面的调查后,经律师团队多番庭前论证认为,本案最为本质的法律问题可简单总结为:具有市场支配地位的经营者限制交易的行为会可能会违反《反垄断法》的相关规定,不具有市场支配地位的经营者限制交易的行为一般不会违反《反垄断法》的规定,那么是否会违反《反不正当竞争法》的相关规定?而本案中格凯公司起诉的法律依据主要是《反不正当竞争法》第2条,该条是兜底条款,根据最高人民法院的相关判例单独适用该条款有严格的条件限制,一是法律对该种竞争行为未作出特别规定;二是其他经营者的合法权益确因该竞争行为而受到了实际损害;三是该种竞争行为因确属违反诚实信用原则和公认的商业道德而具有不正当性或者说可责性。经检索相关单独适用该条款的案例,基本找不到与本案案情相同或类似的案例。为此,律师团队转而就本案的法律问题是否在学术界进行过相关探讨进行进一步的研究。

经研究发现,《反不正当竞争法》修订草案中曾经有过相关类似的条文,如2016年2月25日国务院法制办公室发布的《反不正当竞争法修订草案送审稿》第6条"经营者不得利用相对优势地位,实施下列不公平交易行为:(一)没有正当理由,限定交易相对方的交易对象……本法所称的相对优势地位,是指在具体交易过程中,交易一方在资金、技术、市场准入、销售渠道、原材料采购等方面处于优势地位，交易相对方相对该经营者具有依赖性，难以转向其他经营者”。但目前现行有效的《反不正当竞争法》条文里面是没有该相关内容的，为此我方查询比较了《反不正当竞争法》多次修改的送审稿、修改草案以及相关理论界和实务界观点：如2017年8月28日全国人民代表大会法律委员会关于《反不正当竞争法（修订草案）》修改情况的汇报中称：“修订草案第十一条规定，经营者销售商品，不得违背购买者的意愿搭售商品，不得附加其他不合理的条件。有的常委会组成人员和地方、部门、企业、单位提出，对搭售行为的规范，应以经营者具有市场支配地位为前提，反垄断法对此已经作了明确规定，本法可不必再作重复规定；对于不具有市场支配地位的经营者，应允许其自主设置交易条件，购买者如不愿接受该条件，可以选择与其他经营者进行交易，这属于正常的市场交易活动，不宜予以干预。法律委员会经研究，建议删除这一条。”孔祥俊在《新修订反不正当竞争法释评（上）》写道：反不正当竞争法本质上仍以维护竞争自由为目的，但它是通过制止不公平行为的方式实现市场竞争的自由。它首先体现为对于公平的维护，而深层价值取向则是竞争自由。这恰是《反不正当竞争法》与《反垄断法》既有共性又有差异的原因所在，而差异是通过规制行为的界限体现出来的。例如，“修订草案送审稿”曾规定禁止滥用相对优势地位的行为，“修订草案”第11条仍保留搭售的规定，但因为模糊了自由竞争与公平竞争的界限，降低了反垄断门槛和架空了《反垄断法》的相应规定，其结果会不适当妨碍竞争自由，而最终被删除。《反垄断法》旨在维护竞争自由，禁止消除或者限制竞争自由的行为，如只限制具有市场支配地位的经营者的滥用行为，即同样的行为可以由普通的经营者实施，这属于自由竞争的范畴，但具有市场支配定位的经营者不能实施。《反不正当竞争法》与《反垄断法》应当保持适当的距离，给竞争自由留下相应的空间。最高人民法院法官朱理认为：在现代反垄断法项下，相对优势地位和绝对优势地位有融合的趋势，《反垄断法》的滥用市场支配条款能将“利用相对优势地位限制交易”的大部分行为包含，即使没有被《反垄断法》包含，即在经营者仅有相对市场优势的情况下，即使“滥用”了，也很难对竞争造成损害或者扭曲，经营者在其交易中运用优势地位并不具有可责性，且法律介入的强势规制并不能实现预期目标。

我方律师团队将上述《反不正当竞争法》多次修改的送审稿、修改草案、相关知名学者和法官的文章整理成代理意见提交给了法院，最终相关的代理意见被法院采纳，认定涉案行为系经营自由行为，不构成不正当竞争，判决驳回原告的全部诉讼请求。

裁判要旨及结果

杭州铁路运输法院认为：首先，玉柴公司通过在经营体系内发布通告，限制体系内主体向格凯公司销售玉柴产品，该行为是否具有不正当性在于经营主体是否可以选择交易对象，是否可以限定交易相对人。市场经济鼓励自由竞争，亦保护合同自由，保障经营主体享有的经营自主权，根据《合同法》第4条的规定，当事人依法享有自愿订立合同的权利，任何单位和个人不得非法干预。经营者可以根据交易自愿原则选择交易对象，决定交易内容，也意味着经营者可以拒绝交易，因此拒绝交易行为本身并不具备不正当性。格凯公司主张上述拒绝交易行为是违反自愿、平等原则，利用市场优势地位的行为，如上所述，拒绝交易本身系经营者行使自主经营权利的体现，并无违反自愿、平等原则，但该拒绝交易并非不受限制。规制拒绝交易须以经营者具有市场支配地位为前提，《反垄断法》对此已经作了明确规定，对于不具有市场支配地位的经营者，应允许其自主设置交易条件，购买者如不愿接受该条件，可以选择与其他经营者进行交易，这属于正常的市场交易活动，不宜予以干预。格凯公司提供证据中并无任何材料显示玉柴公司系具备市场支配地位的经营者，同时，即使具备该情形，也是《反垄断法》而非《反不正当竞争法》调整的范围，对于该行为，既非本案审查的范围，一审法院亦无管辖权限。……据此，格凯公司指控玉柴公司的行为，系其合同自由、经营自主的行为，并无违反法律法规之情形，亦难认定其违反诚实信用原则和商业道德，不具备《反不正当竞争法》意义上的不正当性。对于格凯公司主张玉柴公司构成不正当竞争及承担相应民事责任的诉请，一审法院不予支持，判决驳回原告格凯公司的全部诉讼请求。

杭州市中级人民法院认为：玉柴公司发布《通报》，限制其经销商与格凯公司进行交易，系其经营自由、交易自由的体现，判决驳回上诉，维持原判。

典型意义

本案涉及具备相对优势地位经营者拒绝交易行为的性质认定，系目前理论和实践探讨的热点问题。本案在立法缺位下对实践中层出不穷的限制交易、二选一现象给予明确的司法指引。本案重申了市场交易自由、竞争自由的价值理念，明确以相对优势的市场地位拒绝交易行为系市场主体合同自愿、经营自主的体现，不能认定具备不正当性。本案同时廓清相对优势地位与市场支配地位，指出该类案件的审理有别于反垄断案件，应着眼于滥用行为而非相对优势地位本身、限制交易行为本身的不正当性审查，为类案处理提供了借鉴。①

① 以上“典型意义”部分的内容，来自微信公众号“杭州中院”在2021年4月25日发布的文章《发布|2020年度杭州法院“知识产权司法保护十大案例”》。

盗用“车质网”数据信息构成不正当竞争

——北京车质网信息技术有限公司与北京奥蒂思品牌管理咨询有限公司、赵某不正当竞争纠纷案*

北京市盈科律师事务所　汤学丽　史季群

所获荣誉

北京知识产权法院“2022年度北京知识产权法院涉数据反不正当竞争十大典型案例”。

案情简介

车质网公司成立于2014年10月16日，运营域名为12365auto.com的“车质网”网站。车质网是缺陷汽车产品信息和车主质量投诉收集平台，也是汽车消费者了解相关车型品质状况的第三方媒介。该网站是全国汽车消费者投诉受理处置服务平台，其投诉处理流程包括用户投诉、信息审核、厂家受理、处理反馈、用户评分、完成/再投放六个环节。车质网收集和整理了大量汽车质量、售后服务领域的消费者投诉信息，安排专业人员对投诉信息进行审核、编辑或修改后，展示在投诉品牌、问题描述、投诉状态等细分条目里。2019年12月5日，车质网成为全国汽车产品缺陷线索监测协作网的

---

* 一审案号：北京市朝阳区人民法院(2021)京0105民初41693号民事判决书。
二审案号：北京知识产权法院(2022)京73民终3718号民事判决书。

首批成员单位。近年来，车质网公司所发布的投诉类数据信息被新华网、人民网、中新网、网易等多家媒体发布的“汽车投诉类”新闻报道作为权威数据引用。

奥蒂思公司成立于2015年4月13日，运营域名为qichemen.com的“汽车门”网站，意图通过复制车质网的消费者投诉数据信息，为其网站吸引流量用户，该网站首页共设置有“投诉”等主栏目。2020年5月27日至7月28日，车质网公司派员对汽车门网站“投诉”板块中的52,846条投诉信息进行了录屏和截屏取证。其中“投诉标题与内容”与车质网展示的投诉信息一致的数量为26,996条，“投诉内容一致”的数量为17,588条，“标题和内容”相似度在70%以上的数量为8262条；汽车门网站上述与车质网相同或近似投诉信息显示的投诉进展为“结果审核”阶段，且均晚于或与车质网公司投诉信息发布日期相同。经对上述相同或近似投诉信息中的533条以可信时间戳形式进行证据保全，其中150条投诉信息中配有“车质网”相关水印图片。

车质网公司认为奥蒂思公司的上述行为构成不正当竞争，诉至一审法院。一审法院认定奥蒂思公司复制、搬运车质网中涉案5万余条投诉信息并在汽车门网站展示使用的行为，构成《反不正当竞争法》第2条、第8条规定的不正当竞争行为。

办案策略及律师工作

本案办案核心在于提供充分证据证明被告汽车门网站的数据信息系复制、搬运原告车质网具有高度经济和社会价值的数据信息，被告数据搬运行为给原告造成了巨大经济损失，并说明这一损害后果与侵权行为之间存在因果关系。

1. 前期证据整理中，主办律师基于以上核心待证问题，在办案过程中提交以下关键证据予以证明：

第一，通过时间戳固定被告汽车门网站的侵权证据，以及提供大量证据证明被告复制、抄袭原告网站数据信息，且被告不断地抄袭、复制原告网站用户投诉信息的侵权时间长达5年，数量多达5万余条。被告行为严重违背了公平、诚实信用原则且侵权情节严重。

第二，制作汽车门网站汽车质量投诉收录情况截图及其复制、抄袭原告网站信息（作品）数量分析表格，证明被告汽车门网站2015年至2020年复制、抄袭原告的就高达5万余条，约占其投诉数量的16%，被告构成不正当竞争且情节严重，主观恶意极为明显。

第三，提供证据证明原告车质网的荣誉奖项、商业价值以及数据信息的商业、社会价值。原告车质网在行业内的排名及车质网的数据信息被各大权威媒体引用、报道，反映出车质网的商业价值和社会价值较大，具有极高的知名度和影响力。

第四，将原告车质网客户投诉后台信息汇总，证明原告的数据信息有真实来源，车质网对这些客户投诉均与汽车厂商进行了沟通、跟进、反馈，且该数据信息是车质网十多年积累、沉淀的，是车质网商业价值和社会价值的基础。

第五，提交汽车门登录测试视频及截图、汽车门投诉信息提示“投诉信息提交后不可删除”、原告用户回访电话录音等证据，证明被告汽车门网站的信息并非其真实用户上传，被告的后台用户信息不真实，无合法来源。因原告投诉用户并未在其他网站就相同内容进行投诉，被告投诉信息来源没有合法合理依据，构成不正当竞争。

2. 庭审中，主办律师围绕争议焦点——原告车质网公司与奥蒂思公司之间是否具有竞争关系、被诉行为是否构成不正当竞争、如被告构成不正当竞争应当承担何种法律责任，提出以下主要观点：

第一，原告经营的车质网与被告经营的汽车门网属于同行业、同领域竞争者。

原告车质网公司是车质网的经营者，该网站主营业务系“为全国汽车消费者提供投诉处理处置服务”。被告奥蒂思公司系汽车门网的经营者，此网站主营业务为“汽车质量投诉解决”。原告与被告所运营的网站均为信息处理收集网站，且二网站的主要业务皆为汽车行业投诉受理，均主要面向汽车行业消费者。原告与被告明显为相同领域的同行业竞争者。

第二，被告复制、搬运原告网站用户投诉信息，使原告合法利益遭受损害、违反诚实信用原则和公认的商业道德，具有不正当性和可说责性，构成不正当竞争行为，违反《反不正当竞争法》第2条、第8条规定。

（1）被诉网站刊载投诉信息系从车质网复制、搬运而来。

①从文章标题来看，车质网与汽车门网涉案投诉信息关于投诉问题的表述完全一致。

②从文字内容来看，车质网与汽车门网投诉信息内容一字不差，即便是错别字或表述不当的地方也完全相同。

③从投诉信息所涉图片来看，汽车门网站刊载的投诉信息配图竟然使用了含有车质网水印的用户实拍，该图片来源明显系车质网。

④从发布时间来看，汽车门网信息发布时间均晚于车质网信息发布时间或于同天进行发布，汽车门网延后的发布时间增加了其刊载信息系复制、搬运的可能性。

⑤从数量来看，汽车门网发布投诉信息与车质网重合数量多达5万余条，涉案取证信息共533条，如此大批量相同信息若非汽车门网复制、搬运，很难解释其来源。

⑥关于汽车门网提供的用户信息中，涉案信息533条，仅有81条提供了手机号码，针对这81条手机号码在被告网站选取了10条进行抽查，均显示为“账户不存在”。

（2）被诉行为违反诚实信用原则和公认的商业道德，具有不正当性和可责性。

车质网经过多年宣传、经营才具有如今的庞大数据库，受理投诉信息有助于吸引注册用户、出具行业报告，具有极大的经济价值，这都是车质网的劳动成果及财富。

被告未经原告许可，将投诉信息直接复制搬运至被诉网站的行为，无异于想通过复制车质网的数据信息来复制车质网的成功。在未付出任何劳动的情况下，以车质网常年累积的劳动成果为基石，妄图不劳而获、抢夺他人劳动成果，以提高自己的市场占有率，吸引流量，获取更大的经济效益。在大数据时代，信息的重要性不同以往，其背后潜藏着巨大的经济效益，汽车门网毫无任何合理理由便擅自将原告劳动成果搬运至其网站且没有任何说明,不具有正当性,应对其此种行为进行规制。

(3)结合被告具有极大主观恶意、侵权持续时间长、被告近5年净利润均来自侵权行为、削弱了原告车质网的知名度和影响力等情节,应对原告请求赔偿额予以全额支持。

①原、被告曾于立案后进行谈判,在未达成合意后,对被告变更被诉网站运营主体,拒绝删除链接,意图逃避责任的行为,应予以加大赔偿力度。在经时间戳取证的533条投诉信息中,截至2021年9月25日,仍有75条链接未进行删除。被告应为此承担法律责任。

②被告侵权持续时间长,恶意明显,应受到法律制裁。被告侵权行为起始于2015年4月13日,截至原告收集整理起诉日期——2020年5月12日,在这5年期间,被告从未停止其侵权行为。

③被告奥蒂思公司净利润巨高,得益于不劳而获原告的数据信息。依据被告提供的审计报告利润表,2019年汽车门的营业收入为101,522,530.82元,净利润为10,247,434.02元;2020年汽车门的营业收入为127,918,388.83元,净利润为8,374,126.79元,被告通过长期、持续侵权获得高额利润,足见其恶意。

④车质网具有极高知名度,被告此举明显意图系削弱车质网知名度使自己获利,应对其进行规制。经过原告多年经营,车质网荣获大量荣誉,于业内知名度极高,被告曾多次以“车质网”作为关键词进行广告投放,这会导致相关用户在搜索“车质网”时,被诉网站也会出现,此时被诉网站的出现,明显替代了车质网,被告此举会致使相关用户误认为原、被告之间存在关联,或直接转移用户注意使其点进被诉网站,构成不正当竞争行为,应予严惩。

第三,增加全资自然人股东赵某为第二被告,以保障该案件能执行到位。诉讼中奥蒂思公司存在转移财产、意图逃避法律责任的情形时,两位律师通过工商查询发现赵某系奥蒂思公司的全资自然人股东。在其无法举证证明奥蒂思公司财产与其个人财产相互独立的情况下,两位律师将其列为第二被告,以保障生效判决能够执行到位。

裁判要旨及结果

裁判结果:

一审法院经审理认为,奥蒂思公司的行为违反《反不正当竞争法》第2条、第8条的规定,构成不正当竞争,故判令奥蒂思公司停止不正当竞争行为、刊登声明、消除影响,奥蒂思公司、赵某共同赔偿经济损失975,830元、其他费用74,170元。奥蒂思公司、赵某不服一审判决,提起上诉。二审法院判决驳回上诉,维持原判。

争议焦点:

(1)车质网公司与奥蒂思公司之间是否具有竞争关系,本案原、被告双方诉讼主体是否适格;(2)奥蒂思公司的被诉行为是否违反《反不正当竞争法》第2条和第8条的规定,是否构成不正当竞争;(3)如奥蒂思公司构成不正当竞争,奥蒂思公司和赵某应当承担何种法律责任。

裁判要旨:

车质网公司收集海量用户对各品牌汽车的投诉信息后,进行逐一审核、分析、整理、修改,并通过专业编辑最终按照统一格式在网站前端展示。这一过程并非简单的数据收集,而是对消费者投诉信息进行了特定格式和内容的加工整理。在此过程中,车质网公司付出了人力、财力、物力和时间等经营成本,其基于此而获得的信息数据具有经济价值,是一种合法的竞争资源。车质网公司正是基于上述强大的数据加工和生成能力,才能与广大汽车厂商、汽车技术研发机构、服务机构等建立沟通机制,进而实现商务合作。同时,其大量数据收集能力也成为进一步增强汽车用户黏性、吸引新用户的基础。车质网公司因上述用户数据所获得的竞争优势应当受到法律保护。

奥蒂思公司作为同业竞争者,违背诚实信用原则,用复制和搬运的手段将他人积累的投诉信息据为己有，并公然作为自身经营资源予以展示和使用，是一种不劳而获的行为，不仅会给对方经营者造成直接经济损失，更会使相关消费者和汽车企业误以为其具有相应的市场力量和经营能力，进而有可能与其进行商务合作，是一种混淆真实投诉渠道、扰乱市场竞争秩序的行为。因此，被诉行为在本质上系违背诚信原则和公认的商业道德，攫取和损害他人经营优势的不正当竞争行为。

典型意义

本案属于大数据经济背景下的新类型案件，裁判确认了经过加工整理而形成的大数据信息可以构成当事人的竞争优势并受到法律保护，同时明晰了《反不正当竞争法》一般条款与特别条款的适用原则，并考虑原、被告的具体情况，全额支持了原告主张的经济赔偿数额。判决有效保护了权利人的合法权益，提高了侵权人的侵权成本，体现了法院对侵害知识产权行为的惩治力度，贯彻落实了严格保护知识产权政策，有利于促进数字经济发展和营商环境优化，具有重要的典型借鉴意义。

网站付出大量经营成本来收集和整理信息，所获得的数据信息集合具有经济价值，是一种合法的竞争资源，也是该类商业模式得以实现盈利的基础。作为同业竞争者，奥蒂思公司违背诚实信用原则，使用复制和搬运的手段将他人积累的投诉数据信息据为己有，并公然作为自身经营资源予以展示和使用，是一种不劳而获和食言而肥的行为，不仅会给对方经营者造成直接经济损失，更会损害他人依法从事合法经营、公平参与市场竞争的合法权益，同时会使相关消费者和汽车企业误以为其具有相应的市场力量和经营能力，进而有可能与其发生经营活动，是一种混淆真实投诉渠道、扰乱市场竞争秩序的行为，该行为在本质上系违背诚信原则和公认的商业道德，攫取和损害他人经营优势的不正当竞争行为。公司的唯一自然人股东如无法提供银行流水等证据支持公司财产独立于个人财产，应承担连带责任。①

---

① 以上“典型意义”部分的内容，来自“知产北京”微信公众号《2023 中关村知识产权论坛丨北京知识产权法院发布涉数据反不正当竞争十大典型案例》和“朝阳法苑”微信公众号《“流量争夺”滋生新型不正当竞争　法院：消除数字经济制度壁垒》。

如何认定违反诚实信用原则，恶意提起知识产权诉讼的行为

——宿迁市洋河镇天下秀酒业有限公司诉宿迁市洋河镇御缘酿酒厂恶意提起知识产权损害责任纠纷案*

北京市盈科(南京)律师事务所　闫东伟

所获荣誉

江苏省高级人民法院“2019 年江苏法院知识产权司法保护十大典型案例”。

案情简介

2013 年 7 月 10 日，宿迁市洋河镇御缘酿酒厂(以下简称御缘酿酒厂)员工李某兵，向国家知识产权局申请了 ZL201330319767.7“酒盒(中国梦传奇 3)”、ZL201330319762.4“酒盒(中国梦传奇 6)”、ZL201330319966.8“酒盒(中国梦传奇 9)”、ZL201330319766.2“酒瓶(中国梦传奇 9)”四件外观设计专利(以下简称涉案专利)，2013 年 12 月 4 日获得授权。授权后李某兵以独占许可的方式，许可御缘酿酒厂实施涉案专利。

2016 年 6 月，御缘酿酒厂以涉案专利独占实施被许可人的身份，向一审法院提起(2016)苏 01 民初 858、859、860 号三个案件诉讼，主张宿迁市洋河镇天下秀酒业有限公司(以下简称天下秀公司)生产销售的三种白酒产品

---

* 江苏省高级人民法院：(2018)苏民终 119 号民事判决书。

侵害了其涉案专利权，并要求天下秀公司停止生产销售并支付赔偿款。

上述三案的一审中，天下秀公司向国家知识产权局专利复审委员会（以下简称复审委）提出了针对涉案专利的无效宣告请求，2016 年 12 月复审委以涉案专利上标注的“洋河”与江苏洋河酒厂股份有限公司（以下简称洋河酒厂）第 1470448 号注册商标的“洋河”构成相似商标，涉案专利与他人在申请日以前已经取得的合法权利相冲突，不符合《专利法》第 23 条第 3 款的规定，作出第 30928、30929、30930、30937 号《无效宣告请求审查决定书》，宣告上述四件涉案专利全部无效。针对（2016）苏 01 民初 858、859、860 号三个案件，南京市中级人民法院依法裁定驳回了御缘酿酒厂的起诉。

天下秀公司认为御缘酿酒厂明知其获得的专利权具有明显瑕疵，侵犯洋河酒厂在先的商标权，（御缘酿酒厂之前产品上因为标注有“洋河”字样，曾被洋河酒厂起诉商标侵权，且收到了败诉判决）仍起诉天下秀公司专利侵权，属于恶意提起知识产权诉讼，因此天下秀公司提起了针对御缘酿酒厂的损害赔偿之诉，要求御缘酿酒厂赔偿其损失，包括律师费 13.2 万元、差旅费 3725 元、专利无效宣告请求费 4500 元以及商誉损失共计 30 万元。御缘酿酒厂认为诉讼是为了维权，主观不存在恶意。天下秀公司认为，御缘酿酒厂进行维权行为应尽到合理审慎的注意义务，在自己的权利明显具有瑕疵的情况下，仍提起多起诉讼，属于恶意诉讼。

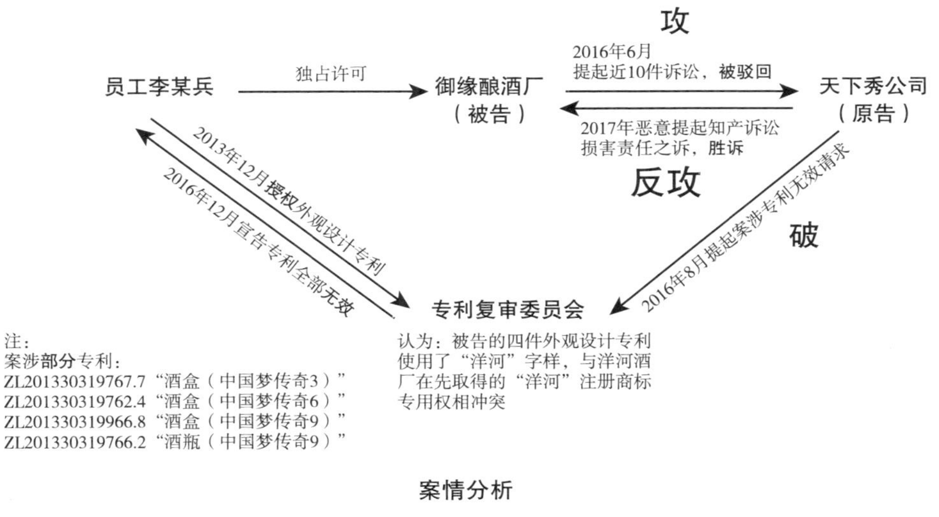

案情分析

办案策略及律师工作

本案是一起较为复杂的恶意诉讼案件。闫东伟律师系天下秀公司的代理律师，其在办案过程中发现，御缘公司在提起前案诉讼时主观具有恶意，因为在（2013）宿中知民初字第0047号判决已明确认定，御缘酿酒厂在其生产销售的系列白酒的外包装上标注“中国洋河”或“江苏洋河”字样的行为，该行为侵犯了洋河酒厂享有的第1470448号“洋河”注册商标专用权。并且早在2011年9月30日，南京市工商行政管理局建邺分局已就御缘酿酒厂生产的“46度蓝色典藏M6”“42度蓝色典藏A9”等系列白酒的外包装上标有“中国洋河”或“江苏洋河”字样一事，对沃尔玛（江苏）商业零售有限公司南京水西门大街分店作出行政处罚。因此，可以确定御缘酿酒厂在提起858、859、860号三案之前，甚至在四件涉案专利申请日之前（早在2011年9月30日），就已知晓其在白酒外包装上标注“洋河”字样的行为侵犯了洋河酒厂的注册商标专用权。代理律师经过充分论证后，举证证明御缘公司在起诉时具备主观上的恶意。即御缘酿酒厂已明知其外观设计专利侵犯洋河酒厂的商标权，不符合专利授权条件，却仍利用我国外观设计专利不进行实质审查的制度设计，以“洋河”商标作为外观设计元素申请获得外观设计专利。此后又以该缺乏正当合法性基础的外观设计专利起诉本案原告专利侵权，以牟取不正当利益，符合因恶意提起知识产权诉讼的构成要件。因此，闫东伟律师代理天下秀公司提起因恶意提起知识产权诉讼损害责任纠纷之诉，请求判令御缘酿酒厂赔偿因应对恶意诉讼而支出的律师费、差旅费、无效宣告请求费等费用，并最终获得法院支持。

裁判要旨及结果

1. 一审裁判要旨及结果：

所谓恶意诉讼，通常是指当事人以获取非法或不正当利益为目的而故意提起一个在事实上和法律上无根据之诉，并致使相对人在诉讼中遭受损失的行为。御缘酿酒厂的行为符合恶意提出知识产权诉讼的构成要件：首先，御缘酿酒厂实施了向天下秀公司提起三起知识产权诉讼的行为。其次，御缘酿酒厂具有过错。御缘酿酒厂作为(2013)宿中知民初字第0047号判决的当事人，至迟在该判决生效时应明知本案所涉四外观设计专利中的“洋河”字样侵害了案外人的“洋河”商标权。且其在明知四涉案外观设计专利不符合《专利法》第23条第3款规定的情况下，仍向天下秀公司提出知识产权诉讼，要求天下秀公司停止侵权和赔偿损失，明显有违民诉法规定的诚信原则，系对诉讼权利的滥用，具有明显的恶意。最后，天下秀公司支出了律师费、专利无效宣告请求费、差旅住宿费等费用，以上均系直接损失，与御缘酿酒厂提起知识产权诉讼的行为存在因果关系。综上，御缘酿酒厂的行为符合恶意提起知识产权诉讼的构成要件，构成侵权，应承担侵权责任。天下秀公司要求御缘酿酒厂承担赔偿责任，应予支持。天下秀公司主张的30万元赔偿额中包含商誉损失，不予采信，御缘酿酒厂对天下秀公司的实际损失应予以赔偿。

一审判决：宿迁市洋河镇御缘酿酒厂于判决生效之日起10日内一次性给付宿迁市洋河镇天下秀酒业有限公司赔偿款140,225元；驳回宿迁市洋河镇天下秀酒业有限公司的其他诉讼请求。

2. 二审裁判要旨及结果：

恶意提起知识产权诉讼是指行为人明知自己提起知识产权诉讼无事实或者法律依据，仍以损害他人合法权益或者获取非法利益为目的，故意针对他人提起知识产权诉讼，造成他人损害的行为。

具体到本案，首先，御缘酿酒厂提起涉案三起诉讼的权利基础不具有正当性。御缘酿酒厂在涉案外观设计专利中标注“洋河”字样，已经侵犯了洋河酒厂的在先注册商标专用权。虽然由于我国外观设计专利不进行实质审查等原因使御缘酿酒厂获得了形式上“合法”的授权，在获得专利授权后，又由于无人向国家知识产权局专利复审委员会提出无效宣告请求，致使涉案四个外观设计专利在近3年的时间内保持着形式上的“合法”状态，但上述事实和状态并不能改变涉案四个外观设计专利权利基础的不正当性。御缘酿酒厂将洋河酒厂合法持有的在先注册商标以部分设计元素的形式嵌入外观设计专利，该行为不但显著违反了《专利法》明确规定、破坏专利制度秩序，同时也侵害了商标权人的合法权利、扰乱了正常的商标注册、管理秩序，损害了公平竞争、健康有序的市场环境。

其次，御缘酿酒厂对于提起涉案三起诉讼据以主张的权利基础不具有正当性，处于应有明确认知的主观状态。(1)在(2013)宿中知民初字第0047号判决书中，宿迁市中级人民法院已经认定御缘酿酒厂在其生产的白酒外包装上标有“中国洋河”“江苏洋河”字样，侵犯了洋河酒厂的商标专用权。(2)御缘酿酒厂与洋河酒厂均地处江苏省宿迁市，且经营项目均包含白酒，对洋河酒厂享有“洋河”注册商标专用权以及“洋河”商标的市场影响力和知名度理当知晓。(3)2014年1月7日，御缘酿酒厂法定代表人李某久申请的名称为“酒盒(中国梦红色)”，专利号为201430003600.4的外观设计专利中，未使用“江苏·洋河”字样而使用“江苏洋河镇”字样。从涉案四个专利中“洋河”字样到上述201430003600.4号外观设计专利中“洋河镇”字样的变化，进一步表明御缘酿酒厂对于产品包装上标示“洋河”和“洋河镇”字样的不同指向和不同含义有着明确的认知。

再次，御缘酿酒厂在明知其权利基础不具有正当性的前提下，仍然提起涉案三起诉讼并且意图获取不当利益。基于御缘酿酒厂对其据以起诉的权利基础并不具备正当性持明确认知的主观状态，且以不正当的权利基础受到侵害为由提出赔偿诉请，故其诉讼行为仍具有恶意获取不当利益的目的性。

最后，御缘酿酒厂恶意提起知识产权诉讼的行为给天下秀公司造成了损失。御缘酿酒厂提起涉案三起诉讼后，天下秀公司被动参与诉讼，聘请律师并提起了涉案外观设计专利的无效申请，支出了相应的律师费、无效宣告请求费及差旅费共计140,225元，故其该部分费用的支出与御缘酿酒厂提起的涉案三起诉讼存在因果关系。综上所述，御缘酿酒厂的上诉请求不能成立，应予驳回。

二审判决：驳回上诉，维持原判。

典型意义

本案是一起典型的因恶意提起知识产权诉讼给他人造成损失引发的反赔案件。本案被告此前明知江苏“洋河”白酒商标具有极高知名度，且因经营假冒“洋河”商标的白酒被行政处罚和法院判决认定侵犯“洋河”商标专用权，仍利用外观设计专利不实质审查的制度设计，以“洋河”商标作为外观设计元素申请获得外观设计专利。此后又以该缺乏正当合法性基础的外观设计专利起诉本案原告专利侵权，以牟取不正当利益。因此，这是一种典型的违反诚实信用原则，恶意提起知识产权诉讼的行为。

本案典型意义在于通过判决明确了恶意提起知识产权诉讼行为的认定标准。(1)行为人提起知识产权诉讼无事实或法律依据。常表现为行为人没有知识产权或者虽然享有形式上“合法”的知识产权，但因该知识产权系恶意取得等多种原因而不具有实质上的正当性。(2)行为人提起诉讼主观上具有恶意。主要表现：行为人明知其权利取得不具有正当性，明知其提起知识产权诉讼无事实或法律依据，仍提起诉讼。(3)行为人提起知识产权诉讼是以损害他人合法权益或者意图使自己获取非法利益为目的，包括获得赔偿金或恶意打击竞争对手，获取竞争优势和市场利益。(4)行为人恶意提起知识产权诉讼给他人造成损失，且损失与恶意起诉间有因果关系。

本案判决严厉打击了此类违反商业道德和诚信原则恶意取得形式上合法的知识产权，然后恶意起诉，恶意牟利的行为，对于推动诚信体系建设，净化创新环境具有积极意义。①

① 以上部分内容，来自江苏高级人民法院《2019 年江苏法院知识产权司法保护十大典型案例》。

如何精准认定商业秘密的构成要件

——某制鞋公司与吴某、郭某某等侵害商业秘密纠纷案*

北京盈科(泉州)律师事务所　王南海

所获荣誉

福州市中级人民法院“2020 年福建法院知识产权司法保护十大案例”。

案情简介

委托人某制鞋公司,长期致力于研发、生产鞋履。郭某某原系制鞋公司的员工,离职后便自己在外创业,生产鞋履。吴某系制鞋公司设计开发工作人员,其偷盗公司的鞋履图纸并将图纸低价卖给郭某某以牟取非法利益。

一审法院认为,本案设计图纸不构成公司的商业秘密,公司未对涉案信息采取相关的保密措施,判决驳回原告某制鞋公司的诉求。上诉人某制鞋公司不服一审判决,向福建省高级人民法院提起上诉。

二审法院经审理查明,认为某制鞋公司的涉案鞋款信息“不为公众所知悉”,公司已对相关信息采取了保密措施,涉案鞋款信息构成商业秘密。被上诉人吴某作为公司设计开发工作人员,违反公司对其有关保守商业秘密的要求,将鞋款信息泄露给郭某某并取得报酬,其行为构成对公司商业秘密

---

* 福建省高级人民法院:(2020)闽民终 992 号民事判决书。

的侵害。吴某、郭某某实施了侵害公司商业秘密的行为，应承担相应的民事责任。二审法院判决撤销一审判决，被上诉人吴某、郭某某立即停止侵害某制鞋公司商业秘密的不正当竞争行为并赔偿上诉人经济损失(含合理开支)130,000元。

办案策略及律师工作

经办律师主要从以下两个方面阐明代理意见：

1. 涉案信息应受商业秘密制度的保护。

某制鞋公司为经营需要，委托其他公司设计产品样图，目的便是设计与众不同的款式，作为公司的新品上市，在市场上占有一定的先机，制鞋公司从设计公司处取得的设计样图具有秘密性，且不为公众所知悉，具有独特性。相较其他市场上的款式有竞争优势，前景可观，日后可获得丰厚的商业利润。公司的涉案信息应受商业秘密制度的保护，这也是业界约定俗成的最基本认识。

2. 制鞋公司是否对涉案信息采取了相应的保护措施。

(1)根据《最高人民法院司法观点集成知识产权卷》第869页内容，司法观点——商业秘密认定中，采取的保密措施至少能使对方或第三人知道权利人有对相关信息予以保密的意图。保密性，是指对这些信息在主观上有保密意识，客观上采取了适当的、合理的保密措施并使得向对方知悉，清楚明白自己需要保密。一般来说，只要采取了合理的、适当的保密措施即可。本案中，制鞋公司所提供的吴某书写的《道歉书》以表示吴某对于泄露公司资料感到歉疚，此外，公司还提供了吴某与郭某某的聊天记录：吴某说“这样把图纸流出去，被知道我会不会死很惨啊”“公司的款就不要让小戴看到了吧”。这两个证据足以证明吴某知道涉案图纸系公司内部要求予以保密的文件，进一步佐证了公司在日常中采取了一定的保密措施。

(2)根据《最高人民法院司法观点集成知识产权卷》第851页内容，商业秘密司法保护政策：根据案件具体情况，合理把握秘密性和不正当手段的证明标准，适度减轻商业秘密权利人的维权困难。权利人提供了证明秘密性的优势证据或者对其主张的商业秘密信息与公有领域信息的区别点作出充分合理的解释或者说明的，可以认定秘密性成立。商业秘密权利人提供证据证明被诉当事人的信息与其商业秘密相同或者实质相同且被诉当事人具有接触或者非法获取该商业秘密的条件，根据案件具体情况或者已知事实以及日常生活经验，能够认定被诉当事人具有采取不正当手段的较大可能性，可以推定被诉当事人采取不正当手段获取商业秘密的事实成立。本案中，公司提供的会议记录及谈话记录也可以证实在吴某泄露涉案信息之前公司曾开会，并要求保密。一审法院直接以无参会人员签名，且截图与记录人数不一致，不予采纳该份证据，加重了公司的举证责任。2019 年 5 月 5 日公司开发部开会对新品进行了预告通知，并且有要求保守秘密。在 2019 年 5 月 8 日、18 日、24 日就委托案外人进行设计，公司提交的与设计公司签订的《开发协议书》中也有约定如乙方设计款式外泄，则按本合同款式金额 2 倍赔付甲方损失。结合起来，可以证实公司确实对即将开展的新品开发进行了开会，并要求保密。

(3)被上诉人吴某因工作职责接触到涉案图纸，涉案图纸仅仅在制鞋公司开发部几个人员组建的微信群“公司开发进度(5)”进行交流，并不是整个制鞋公司的人都可以接触到，这一点也足以证明公司已经采取了一定的保密措施。根据《最高人民法院关于审理不正当竞争民事案件应由法律若干问题的解释》①第 11 条的规定，权利人为防止信息泄露所采取的与其商业价值等具体情况相适应的合理保护措施应是“根据所涉信息载体的特性、权利人保密的意愿、保密措施的可识别程度、他人通过正当方式获得的难易程度等因素，认定权利人是否采取了保密措施”。据此，可以认定公司已经采取了合理的保密措施。

---

① 现对应《最高人民法院关于审理侵犯商业秘密民事案件适用法律若干问题的规定》第 5 条第 2 款。

裁判要旨及结果

裁判要旨：某制鞋公司的涉案鞋款信息系不为公众所知悉、具有商业价值并经权利人采取相应保密措施的商业信息，构成《反不正当竞争法》规定的商业秘密。吴某作为公司的设计开发工作人员，违反公司对其有关保守商业秘密的要求，将公司的涉案鞋款信息披露给郭某某并取得报酬，其行为构成对公司商业秘密的侵害。郭某某作为公司曾经的鞋款设计开发工作人员，在明知公司相关保密要求的情况下和吴某联系，获取向其"老板"披露涉案鞋款信息并向吴某支付报酬，其行为已构成对公司商业秘密的侵害。吴某、郭某某实施侵害公司商业秘密的行为，应承担相应的民事责任。

裁判结果：根据《反不正当竞争法》第 9 条、第 17 条，《最高人民法院关于审理不正当竞争民事案件应用法律若干问题的解释》第 9 条、第 11 条、第 16 条、第 17 条，《民事诉讼法》第 170 条第 1 款第 2 项之规定，判决如下：(1)撤销福建省泉州市中级人民法院(2019)闽 05 民初 1269 号民事判决；(2)吴某、郭某某应于本判决生效之日起立即停止侵害某制鞋公司商业秘密的不正当竞争行为，即不得披露、使用或者允许他人使用公司享有的涉案商业秘密至其已为公众知悉时为止；(3)吴某、郭某某应于本判决生效之日起 10 日内赔偿公司经济损失(含合理开支)130,000 元；(4)驳回公司的其他诉讼请求。

典型意义

本案审查重点在于某制鞋公司对涉案下一年度鞋款信息是否采取了《反不正当竞争法》所要求的保密措施。《最高人民法院关于审理侵犯商业秘密民事案件适用法律若干问题的规定》第 5 条规定，权利人为防止商业秘密泄露，在被诉侵权行为发生以前所采取的合理保密措施，人民法院应当认定为《反不正当竞争法》第 9 条第 4 款所称的相应保密措施。人民法院应当根据商业秘密及其载体的性质、商业秘密的商业价值、保密措施的可识别程度、保密措施与商业秘密的对应程度以及权利人的保密意愿等因素，认定权利人是否采取了相应保密措施。本案中，劳动合同书中对保守商业秘密进行了约定，该约定虽然与一般的禁业限制条款有类似之处，但明确是“保守商业秘密的约定”，表明保密的意图和要求；吴某的道歉书、微信记录、某制鞋公司的委托设计开发协议书、公安机关的笔录、会议记录、监控截图等构成较为完整的证据链，可以证明公司在与设计部门员工的劳动合同书中进行了保守商业秘密的约定，委托第三方设计涉案鞋款信息时约定了保密条款，在开发部门办公室设置监控，会上对员工提出保密要求，且按照一般行业规则，鞋业公司的下一年度鞋款信息对公司商业利益影响重大，没有证据证明涉案鞋款信息除公司高管以及设计部门之外其他员工亦知晓。吴某和郭某某作为公司现任和曾经的鞋款设计开发工作人员，无论从诚实信用原则、一般行业规则还是从其二人的行为中均可看出其应知且明知公司对涉案鞋款信息具有保密要求并采取保密措施，如其二人不采取不正当手段或不违反约定就难以获得涉案鞋款信息。因此，二审法院认定某制鞋公司已经采取与其商业价值相适应的合理保护措施，并已使吴某等认识到涉案信息具有保密性，已采取《反不正当竞争法》规定的“保密措施”，并据此加以改判。

李　华

盈科律师事务所创始合伙人、盈科全国业务指导委员会主任。

李华律师作为盈科全国业务指导委员会主任，负责盈科体系内的专业化建设，带领盈科律师，构建出完整的专业化法律服务体系，包括研究院、律师学院、专业委员会及专业化建设法律中心，推动盈科律师专业化的法律服务，以适应法律服务市场不断细分的需要。在此基础上，通过集成各专业委员会纵深化的法律服务能力为客户提供综合性的法律服务。

曾荣获全国律师行业优秀党员律师、北京市优秀律师、朝阳区优秀律师、朝阳区首届优秀女律师、朝阳区优秀党员的荣誉称号，《钱伯斯大中华区指南2023/2024》TMT：数据保护&隐私领域上榜律师，2024 The Legal 500亚太地区中国法域榜单金融科技领域推荐律师。

本书主编简介

王承恩

西南政法大学法学学士、中山大学民商法硕士。盈科全国知识产权法律专业委员会主任，盈科深圳管委会副主任、知识产权法律事务中心主任、高级合伙人律师。多件代理案件曾入选最高人民法院公布的指导性案例或年度十大知识产权案件。

闫东伟

吉林大学法律硕士。盈科全球总部合伙人律师、盈科全国知识产权法律专业委员会副主任，盈科南京管委会副主任。入选江苏省律师协会专业律师人才库（知识产权），同时担任南京市律师协会数字经济法律专业委员会主任，南京理工大学知识产权学院研究生校外导师。多件代理案件曾入选省市级法院年度经典案例、省市级律协年度十佳案例、优秀案例，其中包括最高人民法院改判案件。

余清凯

贵州大学法学学士，盈科全国知识产权法律专业委员会副秘书长，盈科贵阳知识产权法律事务部主任。担任贵州省法学会知识产权法学研究会第一届理事会副会长，贵州省律师协会知识产权与非物质文化遗产保护专业委员会副主任。多起代理案件被评为贵州省法院知识产权保护典型案例、贵阳市律协年度十佳案例。